AF332425

Nouvel Atlas

Portatif

de Géographie Ancienne et Moderne,

Pour la 8e Édition de l'Abrégé GUTHRIE,

CONTENANT 40 CARTES,

DONT 34 POUR LA PARTIE MODERNE, PAR ARROWSMITH;

ET 6 POUR LA PARTIE ANCIENNE, PAR D'ANVILLE.

À l'usage des Lycées, Collèges et Institutions

de l'Université.

Nouvel ATLAS UNIVERSEL-PORTATIF

de Géographie Ancienne & Moderne,

Contenant

40 Cartes dont 34 pour la Partie Moderne

Par ARROWSMITH,

12 f 3

Seconde édition augmentée de 2 Cartes,

Revue et corrigée d'après les dernières découvertes et les nouvelles divisions des Etats de l'Europe survenues par les derniers Traités de Paix jusqu'à ce Jour;

Avec la partie Ancienne en 6 f.^{lles} par d'ANVILLE.

A l'Usage

DES LYCÉES COLLÉGES ET ÉCOLES SECONDAIRES de L'UNIVERSITÉ.

à Paris

Chez Hyacinthe LANGLOIS, Libraire pour la Géographie et l'Histoire, Rue de Seine, F. S. G. N° 12.
1813.

G

1828

TABLE DES CARTES

CONTENUES DANS CET ATLAS.

GÉOGRAPHIE MODERNE.

GÉOGRAPHIE ANCIENNE.

FIN DE LA TABLE DE L'ATLAS.

SYSTÈMES DU MONDE.

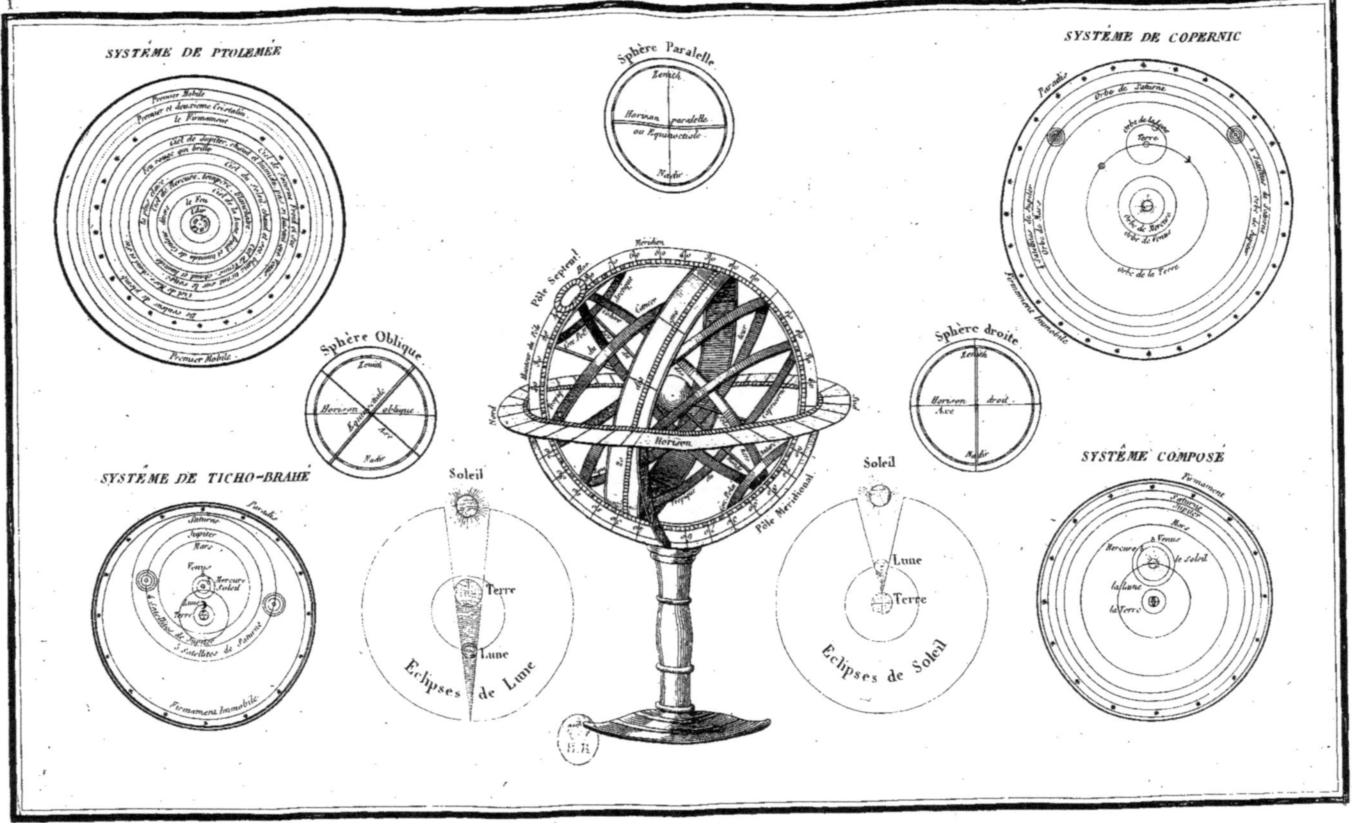

Gravé par Ambroise Tardieu, place du Panthéon N° 3.

MER GLACIALE ARCTIQUE
GROENLAND
Nouv. Galles
AMÉRIQUE
Cercle Arctique
LABRADOR
GRAND OCÉAN
BORÉAL
Tropique du Cancer
NOUV. MEXIQUE
AMÉRIQUE SEPTENTRIONALE
MEXIQUE
MER DES CARAÏBES
ÉQUATEUR ou LIGNE ÉQUINOXIALE
GRAND OCÉAN ÉQUINOXIAL
les Marquises
AMÉRIQUE
MÉRIDIONALE
BRÉSIL
Tropique du Capricorne
GRAND OCÉAN AUSTRAL
I. Chiloé
NOUV. ZÉLANDE
Terre de Feu
Cercle Antarctique
MER GLACIALE ANTARCTIQUE

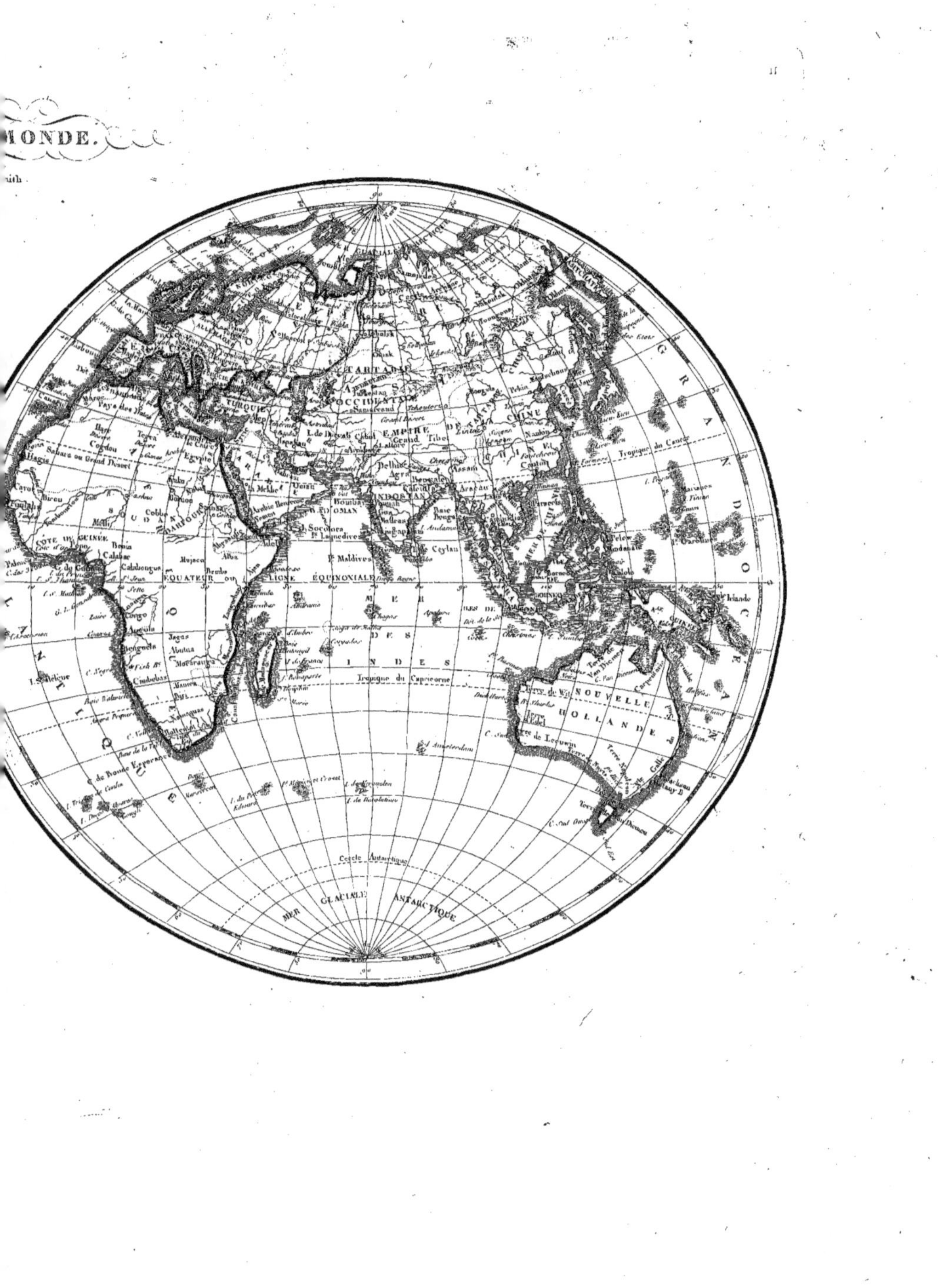
TARTARIE OCCIDENTALE
CHINE
EMPIRE
INDOSTAN
OMAN
Maldives
Ceylan
Laquedives
ÉQUATEUR OU LIGNE ÉQUINOXIALE
MER DES INDES
Tropique du Cancer
Tropique du Capricorne
NOUVELLE HOLLANDE
C. de Leeuwin
I. Amsterdam
Cercle Antarctique
MER GLACIALE ANTARCTIQUE
TURQUIE
ALLEMAGNE
SUDAN
DARFOUR
CÔTE DE GUINÉE
Sahara ou Grand Désert
Congo
Angola
Benguela
C. de Bonne Espérance
Socotora
Bombay
Madras
Ava
Pékin
Tibet
Delhi
Agra

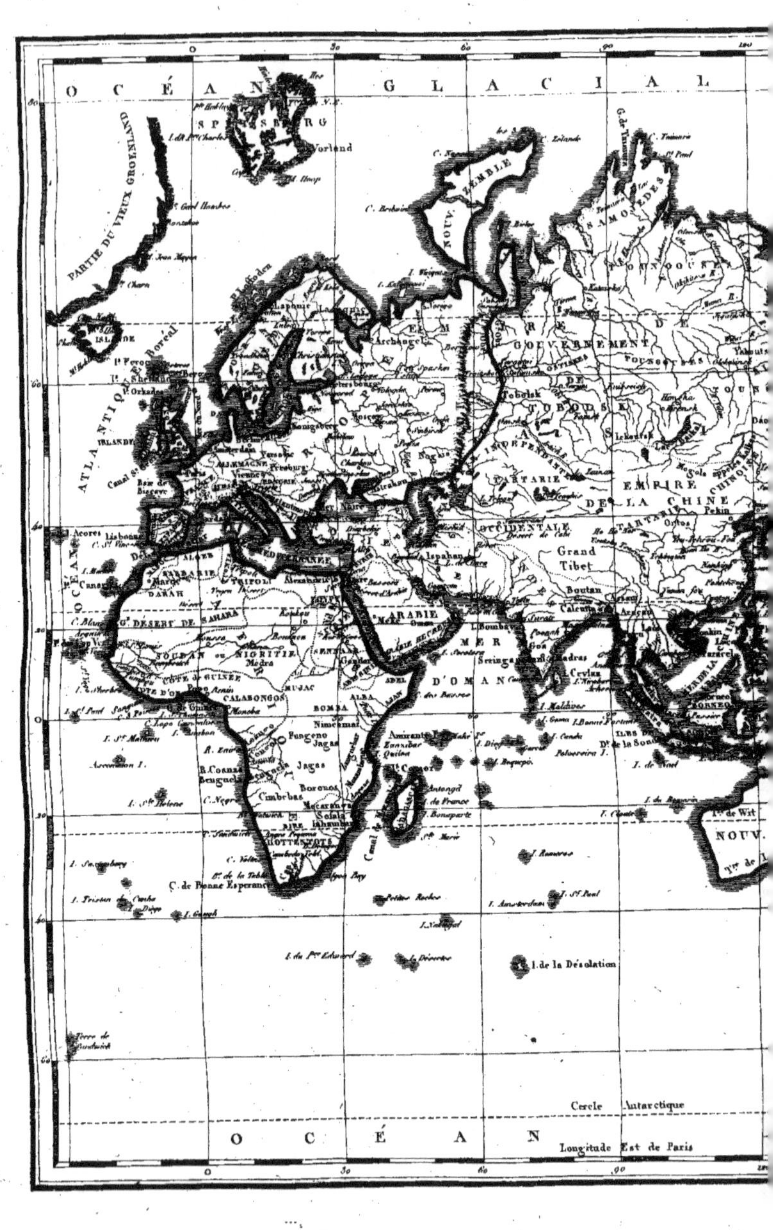

O C É A N G L A C I A L
PARTIE DU VIEUX GROENLAND
SPITSBERG
ISLANDE
ATLANTIQUE
NOUV. ZEMBLE
SAMOYEDES
TOUNGOUSE
EMPIRE
GOUVERNEMENT
TOBOLSK
TARTARIE INDÉPENDANTE
EMPIRE DE LA CHINE
OCCIDENTALE
Pekin
Grand Tibet
Boutan
ALLEMAGNE
Presbourg
Vienne
Moscou
Astrakan
Ispahan
ARABIE
MER D'OMAN
Médine
Canaries
BARBARIE
TRIPOLI
Alexandrie
ÉGYPTE
DARAH
C. Blanc
G. DÉSERT DE SAHARA
SOUDAN ou NIGRITIE
Médra
CÔTE D'OR
CÔTE DE GUINÉE
GUINÉE
CALABONGOS
BOMBA
ADEN
Bombay
Goa
Madras
Ceylan
Maldives
MONOMOTAPA
Jagas
Benguela
CAFRERIE
C. Negro
C. des Courants
C. de Bonne Espérance
I. Ste Hélène
Ascension I.
I. St Mathieu
Amirantes
Zanzibar
Quiloa
C. Comor
I. de France
I. Bonaparte
BORNEO
NOUV.
Tre de Wit
I. St Paul
I. Amsterdam
I. Rodrigue
I. de Noel
I. du Pr. Edward
I. de la Désolation
Terre de Sandwich
Cercle Antarctique
O C É A N
Longitude Est de Paris
0   30   60   90

PLANISPHERE
ou
MAPPE-MONDE
réduite d'après la projection de Mercator
PAR ARROWSMITH
GROENLAND
BAIE DE BAFFIN
(Douteuse)
NOUV. GROENLAND
VIEUX GROENLAND
LABRADOR
OCÉAN ATLANTIQUE Boréal
MER DE KAMTCHATKA
TCHUKTSKI
Cercle Artique
Columbia
AMÉRIQUE
GRAND OCÉAN Boréal
Tropique du Cancer
I. Sandwich
GOLFE DU MEXIQUE
MER DES CARAIBES
GUIANE
Marquises
I. de la Société
NOUV. HEBRIDES
Ligne Equinoxiale
TAPAYOS
BRESIL
Tropique du Capricorne
GRAND OCÉAN Austral
NOUVELLE ZELANDE
C. Horn
I. de Géorgie
Falkland
OCÉAN ATLANTIQUE Austral
ANTARCTIQUE
Latitude la plus Sud des Voyages du Cap.! Cook

L. de Danemarck de 14,5 au Degré
Lieues de Suede de 10,5 au Dég
Lieues com. de France de 25 au d.
SUEDE
et
DANEMARCK
par Arrowsmith.
MER GLACIALE
GOUV. D'ARCHANGEL
LAPONIE
LAPMARK
MER BLANCHE
MER DU NORD
GOLFE DE BOTHNIE
ULEABORG
KUOPIO
WIBORG
NORDLAND
ANGERMANIE
GOLFE DE FINLANDE
S. Petersbourg
GOUV. DE REVEL
NOVOGOROD
CHRISTIANA
LIVONIE
GOTHIE
GOUV. DE RIGA
Christiansund
SEELAND
RIGA
COURLANDE
DANEMARK
JUTLAND
HOLSTEIN
MER BALTIQUE
EMPIRE DE RUSSIE
Hambourg
ALLEMAGNE
Longitude Est de Paris

Semen Jeune Sculp.

RUSSIE D'EUROPE
Par Arrowsmith
MER GLACIALE
LAPONIE
SAMOIEDES
RUSSIE D'ASIE
GOLFE DE FINLANDE
ESTONIE
LIVONIE
St. PETERSBOURG
Ladoge
Novgorod
Pskov
Archangel
Onega
ARCHANGEL
VOLOGDA
Vologda
Nikolsk
PERM
Perm
VIATKA
Viatka
Ekaterinbourg
Soltikamsk
TCHEREMISSES
PRUSSE
VILNA
GRODNNA
MOHILEV
SMOLENSK
MOSCOW
Moscou
VLADIMIR
NIJNEI
Nijne Novgorod
KOSTROMA
Kostroma
YAROSLAVL
Yaroslavl
KAZAN
Kazan
ORENBOURG
Oufa
BASKIRS
KALOUGA
Kalouga
Toula
TOULA
RIAZAN
TAMBOV
PENZA
Penza
SIMBIRSK
Simbirsk
AUTRICHE
MOLDAVIE
TURQUIE
KIEV
POLTAVA
OREL
KOURSK
KOURSK
VOROBEZ
UKRAINE
SARATOV
Saratov
Orenbourg
EKATERINOSLAV
KOZAK
ASTRACAN
Astrachan
CALMOUKS
MER d'Azov
CRIMEE
CIRCASSIE
CAUCASE
Stavropol
GEORGIE
MER NOIRE
MER CASPIENNE
TATARIE
Werstes de Russie de 104 au Degré
Lieues Com. de France
Samon Jennx Sculp.

ECOSSE
par Arrowsmith
OCÉAN ATLANTIQUE
MER DU NORD
ANGLETERRE
IRLANDE
HÉBRIDES
OCCIDENTAL
ÎLES ORCADES
CAITHNESS
ROSS
ANGUS
PERTH
FIFE
GLASCOW
EDINBURGH
BERWICK
STIRLING
MONTROSE
Aberbrothwick
Aberdeen
Inverness
Dornoch
Wick
Dunbeath
Golfe de Murray
Golfe de Pentland
Tarbat
Cromarty
Perth
Dumfries
Lochmaben
St Kilda
Barra
Tirey
Mull
Colonsa I.
Oronsa
Campbeltown
Morpeth
Carlisle
Jedburgh
Roxburgh
Peebles
Selkirk
Ayr
Golfe de Solway
Bull de Lewis
Cap Wrath
Longa
Malin
Coleraine
Ballycastle
Larne
Antrim
Carrickfergus
Millis comm. d'Angleterre de 50 au Degré
Lieues Communes de France de 25 au D.
Longitude O. de Paris
Soman Jeune Sculp.

ANGLETERRE.
par Arrowsmith.
MER DU NORD.
MER D'IRLANDE
CANAL ST GEORGES
CANAL DE BRISTOL
MANCHE
IRLANDE
DUBLIN
NORTHUMBERLAND
DURHAM
CUMBERLAND
WESTMORELAND
YORK
LINCOLN
NORFOLK
CHESTER
DERBY
STAFFORD
WORCESTER
WARWICK
HEREFORD
GLAMORGAN
MONMOUTH
GLOCESTER
RADNOR
BRECON
CARMARTHEN
Liverpool
Chester
Leeds
Richmond
Durham
Newcastle
Stafford
Derby
Birmingham
Coventry
Warwick
Worcester
Gloucester
Cirencester
Bristol
Wells
Bedford
Cambridge
Huntingdon
Peterborough
Stamford
Norwich
Yarmouth
Harwich
Colchester
St Albans
Rochester
Canterbury
Guildford
Winchester
Salisbury
Dorchester
Exeter
Plymouth
Falmouth
Holyhead
Caernarvon
Cardigan
Aberystwyth
Portland
Boulogne
Calais
Pas de Calais
Longitude O. de Paris.
Milles d'Angleterre de 50 au Degré.
Milles Anglais Statués de 69½ au Deg.
Lieues comm. de France de 25 au Deg.
Semen Jeune Sculp.

IRLANDE
par Arrowsmith.

OCÉAN ATLANTIQUE

CANAL St. GEORGE

Milles Communs Anglois de 30 au Degré

Lieues Communes de France de 25 au Dég.

Longitude Ouest de Paris

Semen Jeune Sculp.

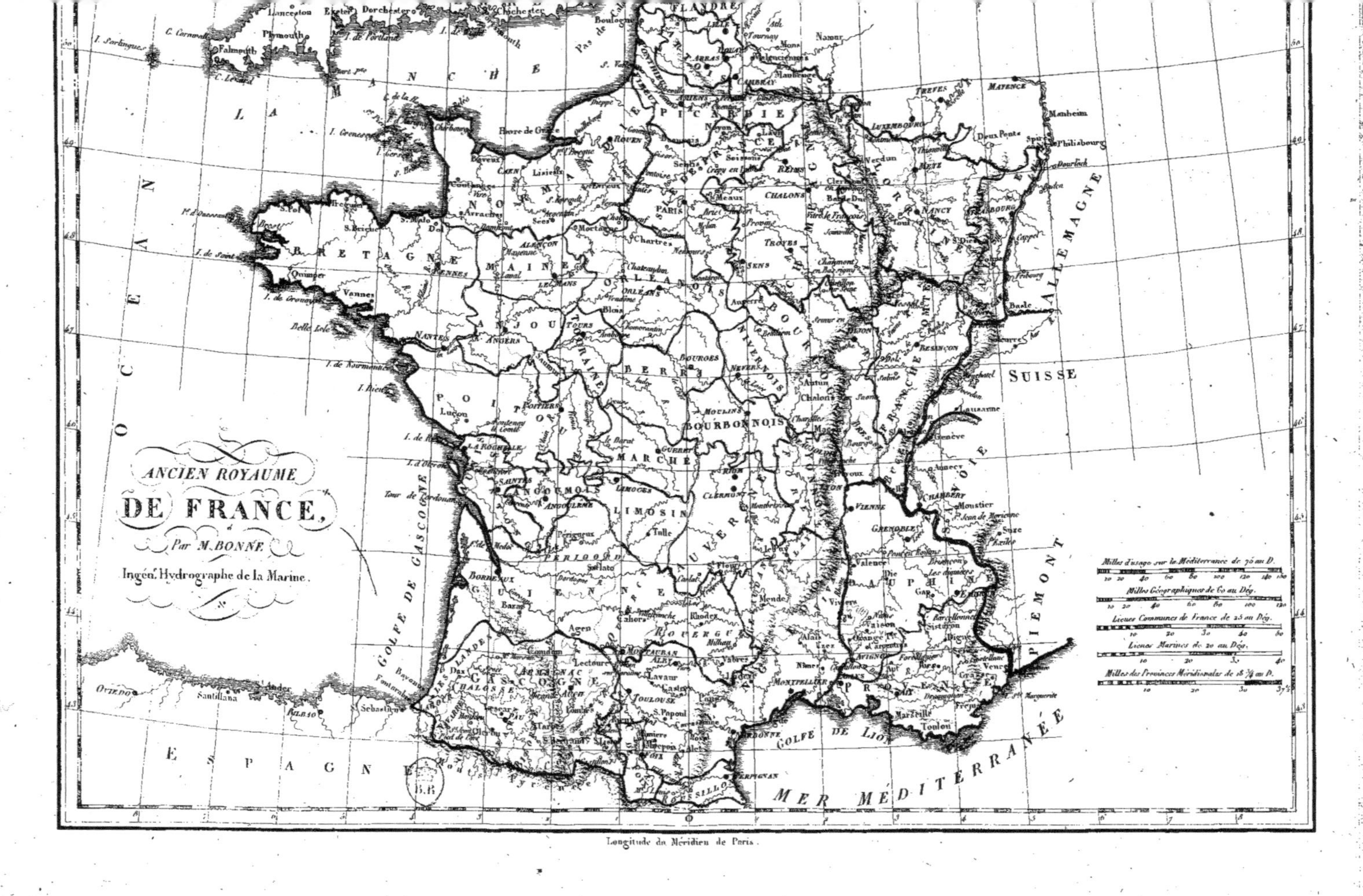

ANCIEN ROYAUME DE FRANCE,
Par M. BONNE
Ingén. Hydrographe de la Marine.
Longitude du Méridien de Paris.
Milles d'usage sur le Méditerranée de 76 au D.
Milles Géographiques de 60 au Dég.
Lieues Communes de France de 25 au Dég.
Lieues Marines de 20 au Dég.
Milles des Provinces Méridionales de 18 3/4 au P.
OCEAN
LA MANCHE
ESPAGNE
SUISSE
ALLEMAGNE
PIEMONT
MER MÉDITERRANÉE
GOLFE DE GASCOGNE
GOLFE DE LION
FLANDRE
PICARDIE
NORMANDIE
BRETAGNE
MAINE
ANJOU
TOURAINE
ORLEANOIS
POITOU
BERRI
NIVERNOIS
BOURGOGNE
FRANCHE COMTÉ
MARCHE
BOURBONNOIS
LIMOSIN
ANGOUMOIS
GUIENNE
PERIGORD
AUVERGNE
LYONNOIS
DAUPHINE
ROUERGUE
GASCOGNE
LANGUEDOC
PROVENCE

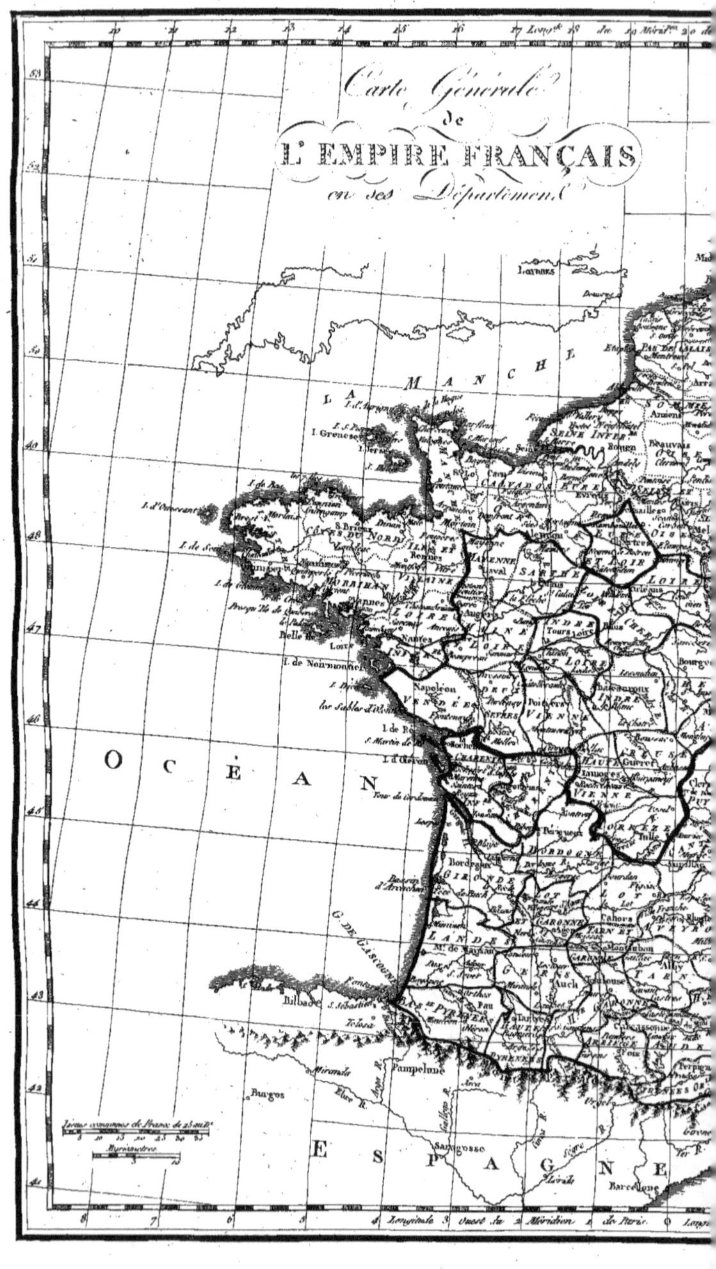
Carte Générale
de
L'EMPIRE FRANÇAIS
en ses Départemens
LA MANCHE
OCÉAN
ESPAGNE
Rouen
CALVADOS
EURE
SEINE INFER
SOMME
CÔTES DU NORD
ILLE ET VILAINE
MAYENNE
SARTHE
Rennes
LOIRE
Nantes
VENDÉE
VIENNE
NIÈVRE
CHARENTE
HAUTE VIENNE
DORDOGNE
GIRONDE
Bordeaux
LANDES
GERS
LOT
LOT ET GARONNE
TARN
G. DE GASCOGNE
Bilbao
S. Sebastien
Pampelune
Burgos
Barcelone
Belle Isle
I. de Noirmoutier
I. d'Ouessant
Saragosse
PYRÉNÉES
Lieues communes de France de 25 au D°
Myriamètres
Longitude Ouest du Méridien de Paris

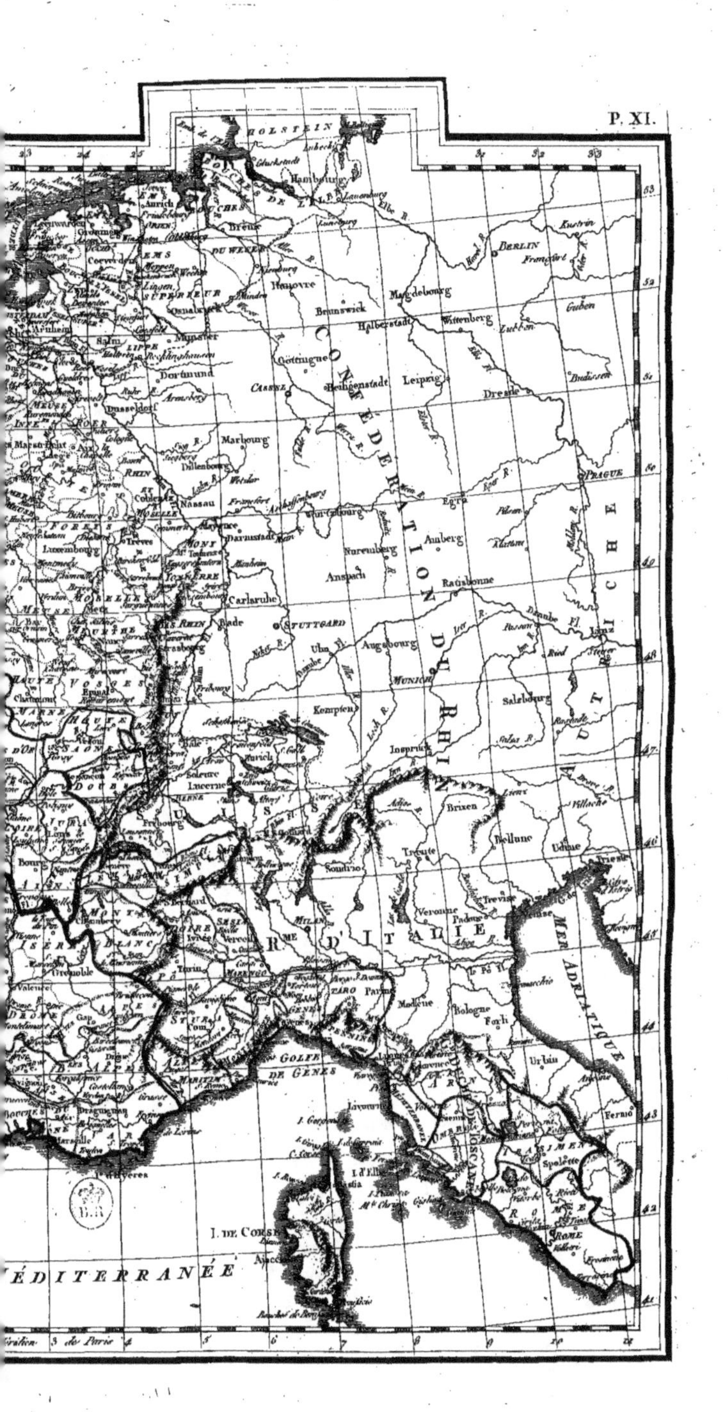
P. XI.
HOLSTEIN
Hambourg
Gluckstadt
Lubeck
Lunenbourg
Elbe R.
Kustrin
BERLIN
Francfort
DUCHES DE L'ISLE
Breme
DU WESER
Hanovre
Magdebourg
Guben
Brunswick
Halberstadt
Wittenberg
Lubben
EMS SUPERIEUR
Osnabruck
Minden
Gottingue
Heiligenstadt
Leipzig
Dresde
Budissen
Munster
CASSEL
LIPPE
Dortmund
Dusseldorf
Marbourg
Cologne
Dillenbourg
Wetzlar
RHIN
Nassau
Francfort
Aschaffenbourg
Egra
PRAGUE
AUTRICHE
Coblentz
Mayence
Wurtzbourg
Pilsen
MOSELLE
Trèves
Darmstadt
Nureuberg
Amberg
Klatan
CONFEDERATION DU RHIN
Luxembourg
MONT TONNERRE
Anspach
Ratisbonne
Danube Fl.
Passau
Linz
Carlsruhe
STUTTGARD
Danube
Ulm
Augsbourg
Rind
HAUT RHIN
Bade
Strasbourg
MUNICH
Salzbourg
HAUT VOSGE
Fribourg
Kempten
Inspruck
SUISSE
Zurich
St. Gall
Lucerne
Brixen
Villache
DOUBS
SIMPLON
Soleure
Aarau
Treute
Bellune
Udine
Trieste
MONT BLANC
Trevise
MER ADRIATIQUE
Grenoble
Turin
Vercelli
ROY.me D'ITALIE
Verone
Padoue
MARENGO
TARO
Parme
Modène
Bologne
Urbin
Valence
Gap
GOLFE DE GENES
Forli
Fernio
I. DE CORSE
Bastia
ROME
Spolette
Ajaccio
MEDITERRANEE

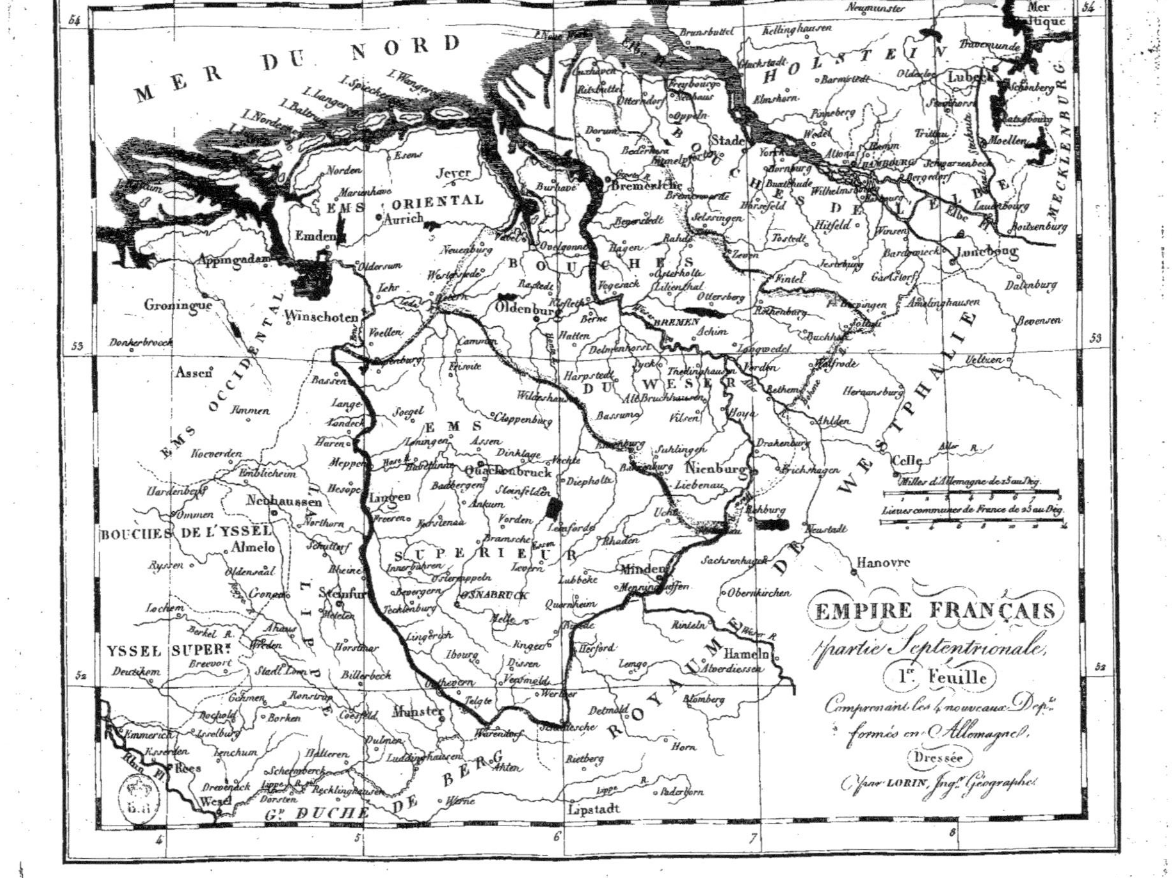

MER DU NORD
HOLSTEIN
MECKLENBURG
Mer Baltique
Lubeck
EMS ORIENTAL
Emden
Aurich
Jever
Groningue
Winschoten
EMS OCCIDENTAL
Assen
BOUCHES DE L'YSSEL
Almelo
YSSEL SUPER.r
Neuhaussen
BOUCHES DU WESER
Oldenburg
BREMEN
Stade
DUCHES
DU WESER
Nienburg
Liebenau
Minden
OSNABRUCK
EMS SUPERIEUR
Meppen
Langen
Steinfurt
Munster
Hameln
Herford
Hanovre
Celle
WESTPHALIE
ROYAUME DE WESTPHALIE
Gr. DUCHE DE BERG
Wesel
Rees
Lipstadt
Detmold
Paderborn
EMPIRE FRANÇAIS
partie Septentrionale,
1.re Feuille
Comprenant les 4 nouveaux Dep.ts
formés en Allemagne.
Dressée
par LORIN, Ing.r Geographe.
Milles d'Allemagne de 15 au Deg.
Lieues communes de France de 25 au Deg.

Milles d'Allemagne de 15 au Degré.
Milles d'Hollande de 19 au Degré.
Lieues communes de France de 25 au D.
EMPIRE FRANÇAIS
PARTIE SEPTENTRIONALE,
2.e Feuille
Comprenant
LA HOLLANDE,
Par Arrowsmith.
MER DU NORD
ZUYDER ZÉE
UTRECHT
GUELDRE
BOUCHES DE L'ESCAUT
DEUX NÉTHES
BOUCHES
OOST FRISE
EMDEN
GRONINGUE
Longitude Est de Paris
Semen Jeune Sculp

ANGLETERRE

Canal de Bristol

Gloucester — Buckingham — Bertfort — Colchester — Oxford — Wallingford — LONDRES — Reading — Southwark — London — Canterbery — Bristol — Bath — Wells — Salisbury — Winchester — Chichester — Dovvres

MER DU NORD

BOUCHES — RHIN — DEUX NETHES — ESCAUT — MEUSE — Rotterdam — I. de Walcheren — Middelbourg — Ostende — Gand — ROER — Cologne — Dusseldorf — Dortmund

Pas de Calais

LA MANCHE

I. DE WIGHT — I. de Grenesey — I. de Jersey — Cherbourg — le Havre

PAS DE CALAIS — SOMME — Amiens — Abbeville — JEMAPPES — SAMBRE ET MEUSE — AISNE — Laon — ARDENNES — FORET — Treves — MONT TONNERRE

SEINE INFERIEURE — EURE — CALVADOS — Caen — ORNE — SEINE ET OISE — PARIS — Versailles — MARNE — Chaalons — MEURTHE — MOSELLE — RHIN — Strasbourg

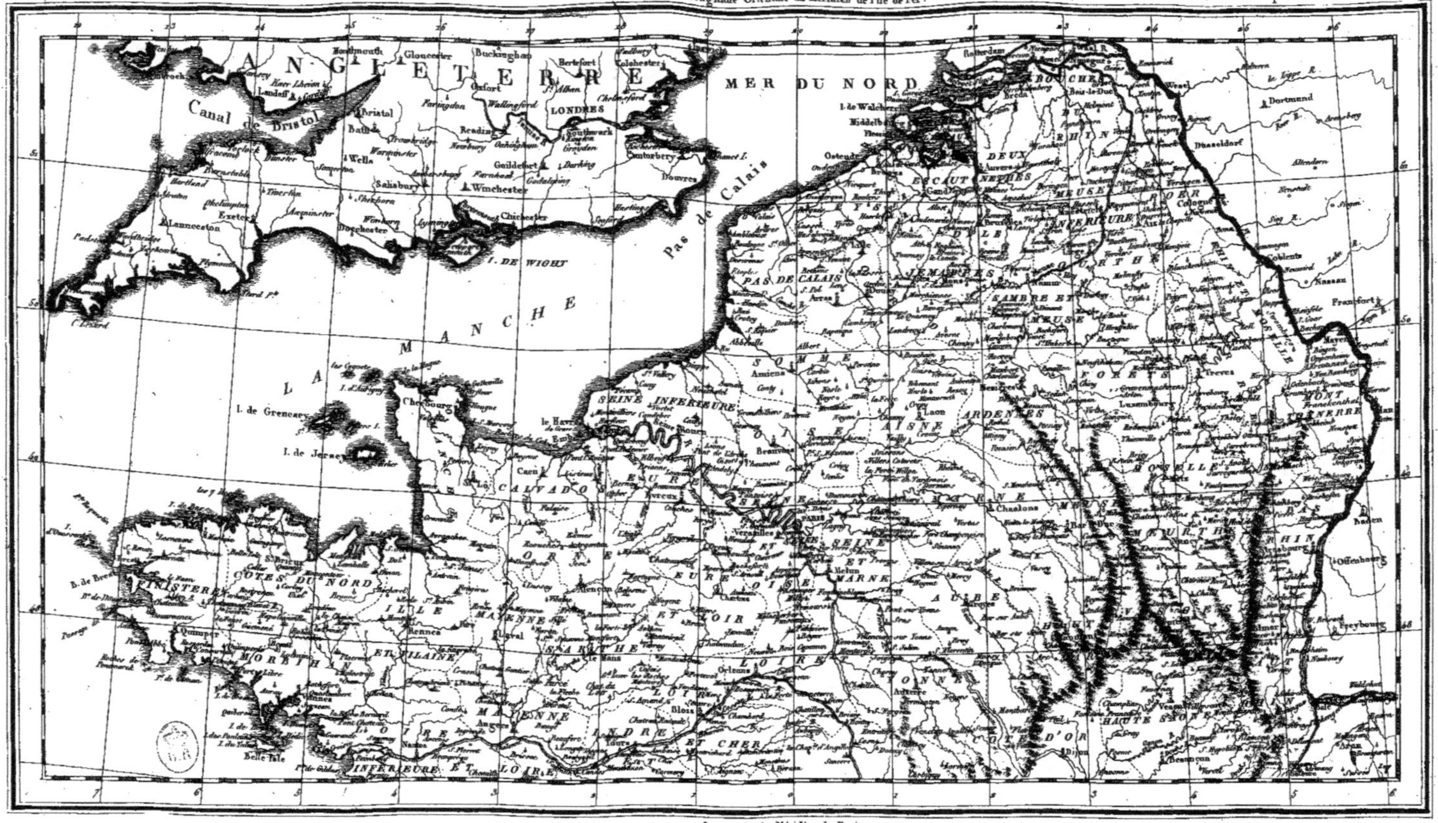

FINISTERRE — COTES DU NORD — ILLE ET VILAINE — Rennes — MAYENNE — SARTHE — EURE ET LOIR — Chartres — MORBIHAN — Belle Isle — LOIRE INFERIEURE — MAINE ET LOIRE — Angers — INDRE ET CHER — Tours — Blois — Orleans — LOIRET — YONNE — AUBE — HAUTE SAONE — COTE D'OR — Dijon — Besançon

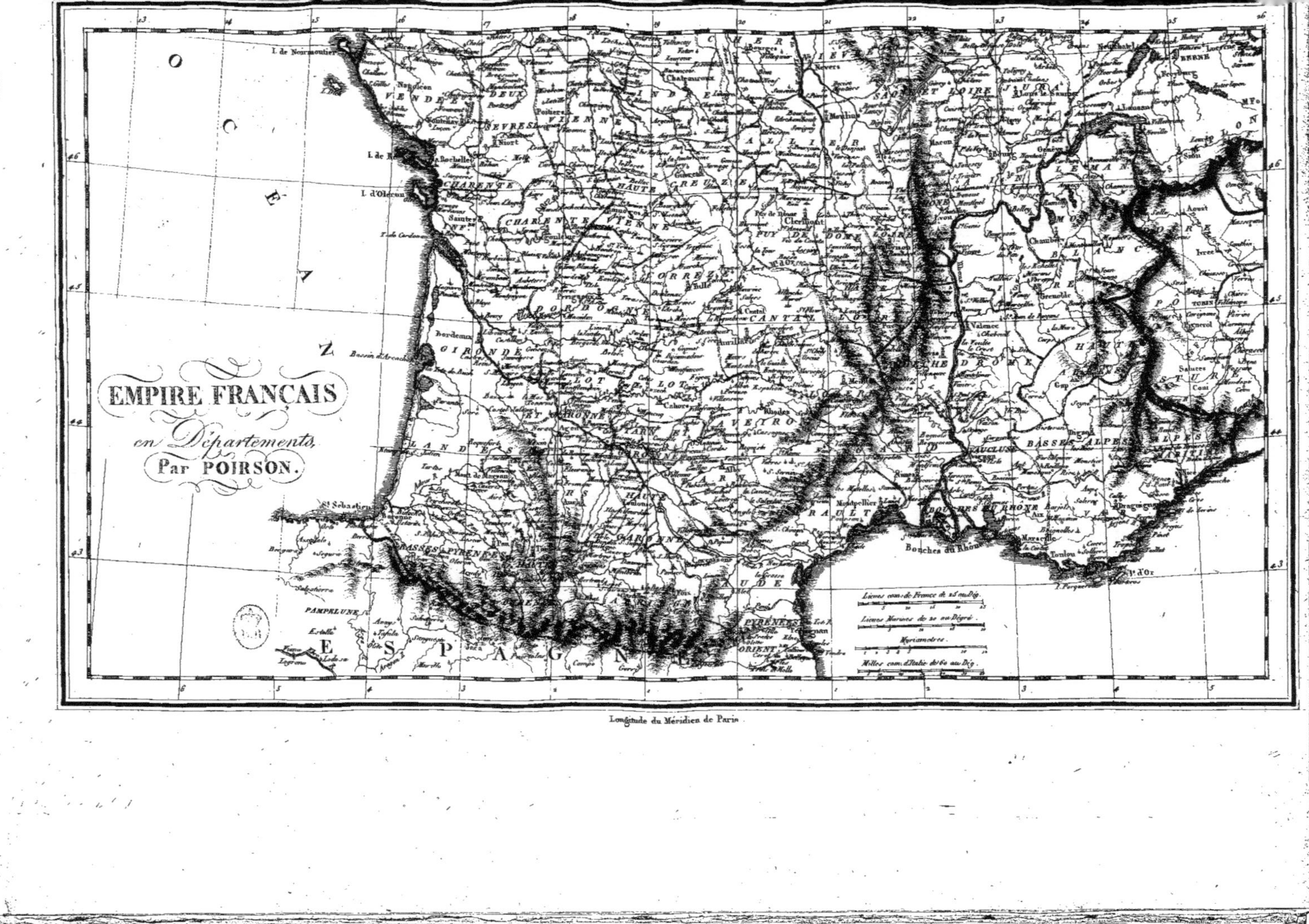

EMPIRE FRANÇAIS
en Départements,
Par POIRSON.
OCÉAN
ESPAGNE
Longitude du Méridien de Paris
Lieues com. de France de 25 au Dég.
Lieues Marines de 20 au Degré
Myriamètres
Milles com. d'Italie de 60 au Dég.

G.17.
CONFÉDÉRATION DU RHI...
HELVÉTIE
Coblentz
Nassau
Limbourg
Weilbourg
Fulde
Hildburghausen
Lichtenberg
Greenhayr
Pfauen
Prum
Bitbourg
Aschach
Coburg
Culmbach
Agra
Berne
Treves
Simmeren
Mayence
Francfort
Hanau
Schweinfurth
Bamberg
Bayreuth
Luxembourg
Birkenfeld
Darmstadt
Aschaffenbourg
Metz
Wertheim
Worzbourg
Forchheim
Nuremberg
Amberg
Neubourg
Cham
Metz
Kayserslautern
Spire
Manheim
Morbach
Rottenbourg
Anspach
Deux Ponts
Rhin
Lowenstein
Hall
Dinkelsbuhl
Ratisbonne
Sarguemine
Wissembourg
Ottingen
Weissembourg
Aichstadt
Chat. Salins
Sarrebourg
Saverne
Stuttgard
Gmünd
Donawert
Ingolstadt
Stranbing
Nancy
Lunéville
Strasbourg
Bade
Offenbourg
CONFÉDÉRATION DU RHIN
Landshut
S. Dié
Barr
Hohenzollern
Danube
Burgau
Augsbourg
Freysing
Haag
Munich
Epinal
Colmar
Freybourg
Ulm
Memmingen
Mindelheim
Remiremont
Ravensbourg
Pfullendorf
Leutkirch
Kaufbeuren
Bise
Kufstein
Belfort
Altkirch
Schaffhouse
Oberlingen
Wangen
Kempten
Baume
Bâle
Frauenfeld
Constance
Lindau
S. Hypolite
Zurich
S. Gall
Bregenz
Inspruck
Hall
Soleure
Appenzell
Mattray
Neuchâtel
Berne
Lucerne
Glaris
Caire
HELVÉTIE
Lausanne
Schwitz
TYROL
Genève
ITALIE
TURIN
POST
STURA
Golfe de Gênes
I. Gorgone
I. Capraia
G. de S...
Porto Ferrajo
ITALIE
SEPTENTRIONALE
Comprenant
La partie Sud-Est
DE L'EMPIRE FRANÇAIS
et le Royaume
D'ITALIE.
CORSE
Bastia
S. Florent
Corte
Ajaccio
Bonifacio
Bouches de Bonifacio
Longitude E.
FLORENCE
Livourne

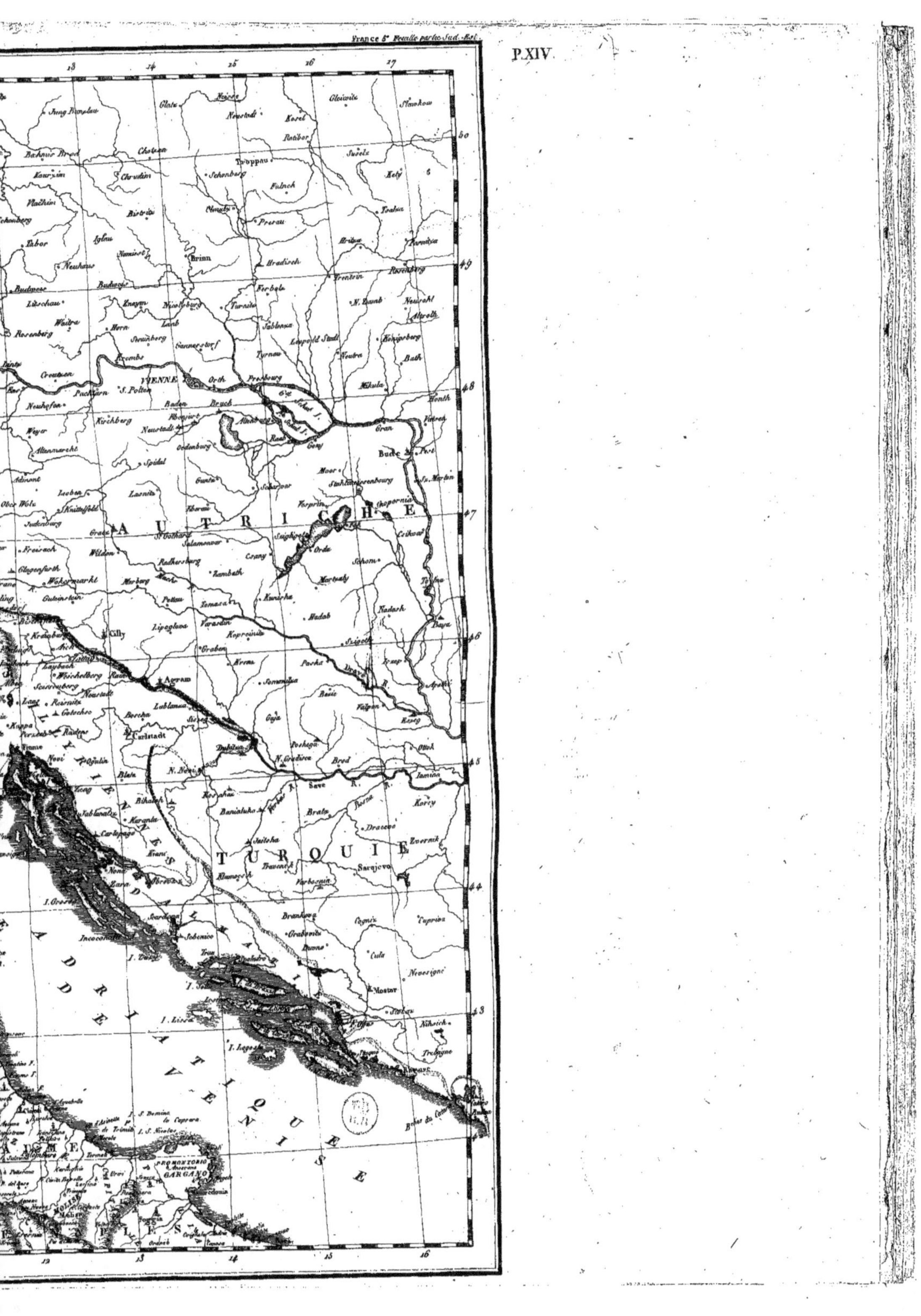
AUTRICHE
TURQUIE
ADRIATIQUE
VIENNE
Presbourg
Bude
Gran
Brinn
Graetz
Agram
Carlstadt
Mostar
Sarajevo
Zvornik
PROMONTORIO
GARGANO

G.18.
CORSE
Bastia
Bonifacio
Bouche
I. de la Madeleine
Asinara
Sassari
Comin
C. d'Oristano
CAGLIARI
G. de Cagliari
Pula
FLORENCE
Livorno
Plombino
ROME
MÉDITE
Gidela
ITALIE
MÉRIDIONALE
Comprenant
le Royaume de Naples,
LA SICILE,
LA CORSE et LA SARDAIGNE.
I. Lavenzo
I. Maritimo
I. Favognana
I. Pante
le Lampion
Lampedouse

12
13
14
15
16
44
43
42
41
40
39
38
37
36
I. Grossa
Sebenico
Spalatro
Brankova
Grabovitz
Cognia
Capriva
Cula
Nevesigne
Mostar
I. Lissa
I. Lagosta
Trebigne
Ragusa
I. S. Domino
I. S. Nicola
la Caprera
PROMONTORIO GARGANO
TERRA DE BARI
Benevento
Salerne
A N É E
C. della Licosa
C. di Palinuro
C. d'Alice
C. delle Colonne
C. Vaticano
Tropea
Stromboli
Lipari
Reggio
C. delle Mesole
I. de Gozo
Comino
I. de Malte
Rabato
Valetta

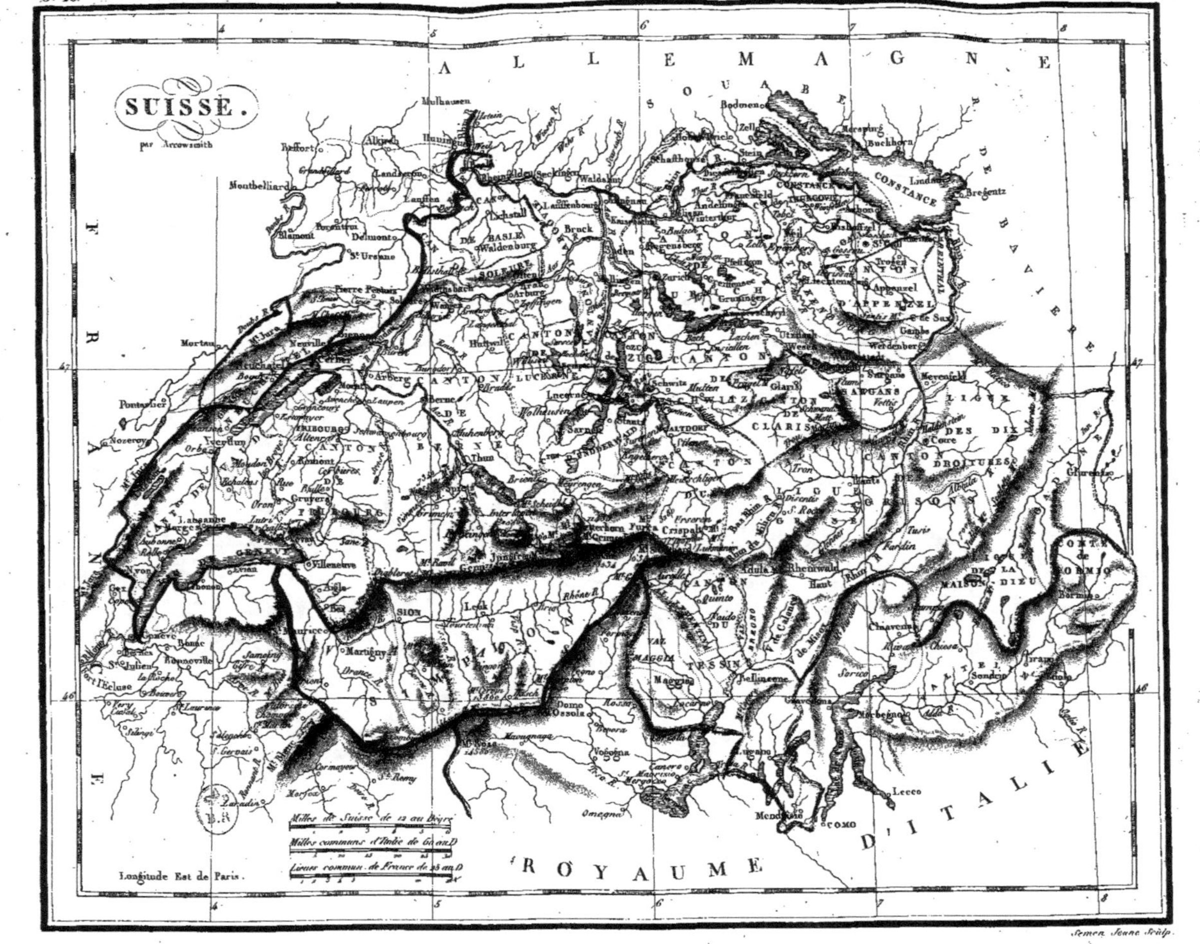

SUISSE.
par Arrowsmith
ALLEMAGNE
SOUABE
DE BAVIERE
FRANCE
ROYAUME D'ITALIE
Semen Jeune Sculp.
Longitude Est de Paris.
Milles de Suisse de 12 au degré
Milles communs (d'Italie de 60 au D)
Lieues communes de France de 25 au D

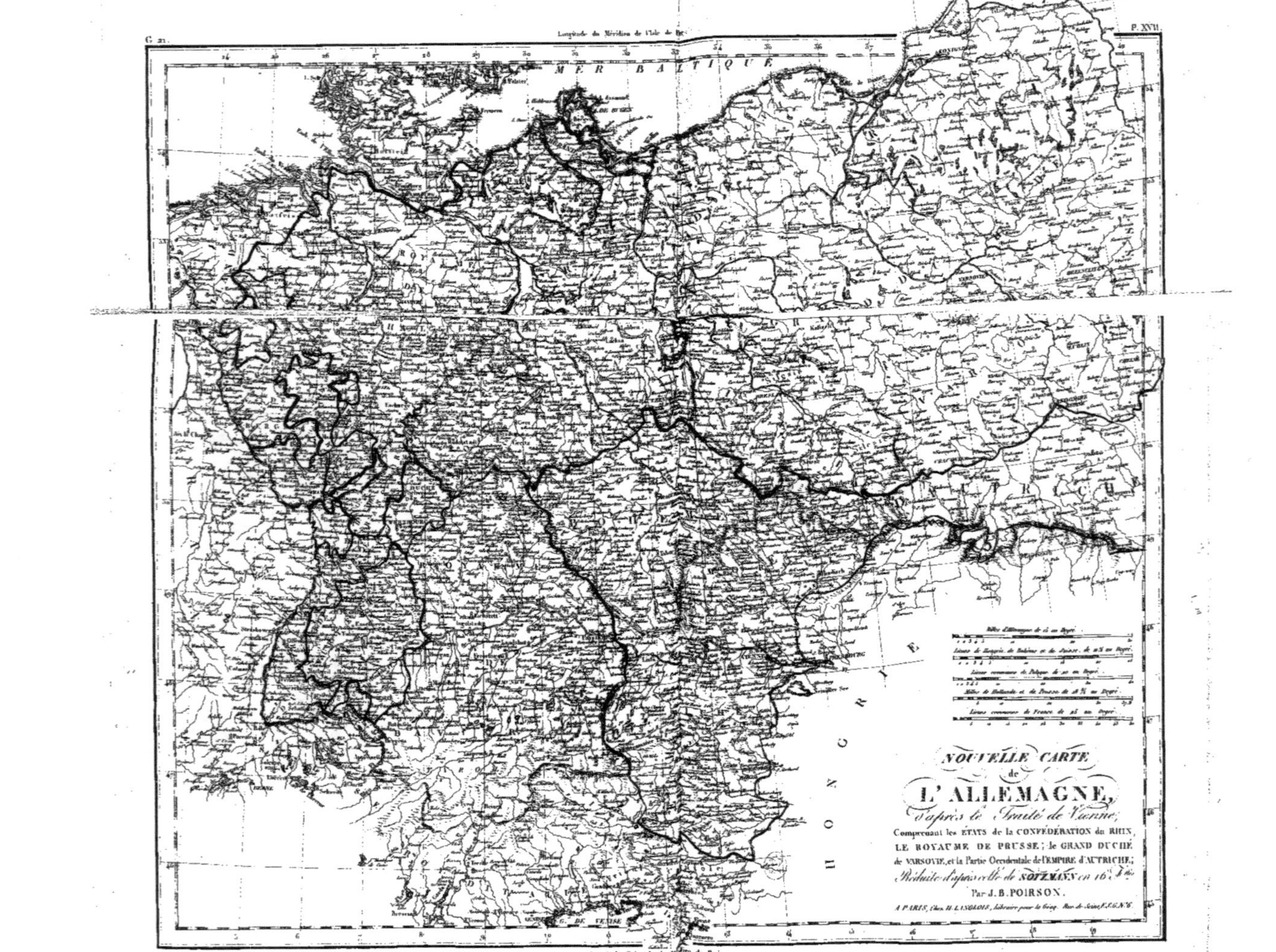

MER BALTIQUE
HONGRIE
P. XVII.
G. 21.
Longitude du Méridien de l'Isle de Fer
Longitude Orientale du Méridien de Paris.
NOUVELLE CARTE
de
L'ALLEMAGNE,
d'après le Traité de Vienne;
Comprenant les ÉTATS de la CONFÉDÉRATION du RHIN,
LE ROYAUME DE PRUSSE; le GRAND DUCHÉ
de VARSOVIE, et la Partie Occidentale de l'EMPIRE d'AUTRICHE;
Réduite d'après celle de SOTZMANN en 16 f.ᵉˢ
Par J. B. POIRSON.
A PARIS, chez H. LANGLOIS, libraire pour le Géog. Rue de Seine F. S. G. N° 6.
Mille d'Allemagne de 15 au Degré.
Lieues de Hongrie, de Bohême et de Pologne, de 22½ au Degré.
Lieues communes de Pologne, de 20 au Degré.
Milles de Hollande et de Prusse de 18¾ au Degré.
Lieues communes de France de 25 au Degré.

EMP.re D'AUTRICHE
(D'après le traité de Vienne.)
Par ARROWSMITH.
Milles communs d'Allemagne de 15 au Degré
Lieues de Hongrie et de Bohème de 12,5 au D.re
Lieues communes de France de 25 au Degré
BERLIN
Francfort
Warsovie
GRAND DUCHÉ DE
Radom
Lublin
Chelm
Sandomirsk
Jaroslaw
Leopold
SAXE
Dresde
Breslau
SILESIE
Prague
Nuremberg
Ratisbonne
OHEME
Olmutz
Brunn
MORAVIE
Autrichienne
GALICIE
Kremnitz
Kaschau
BAVIERE
Augsbourg
Munich
Passau
Ulm
Schemnitz
VIENNE
Presbourg
Salzbourg
Debretzin
Insbruck
Ofen ou
Bude
Pesth
Gros Wardein
Kecskemet
Carinth
Clagenfurt
Laybach
HONGRIE
Szegedin
TRANSYLVANIE
Clausenbourg
Carlsburg
Udine
Trieste
Trente
Cilley
Funfkirchen
Theresienstadt
Zombor
Temeswar
Hermanstadt
Cronstadt
Verone
Padoue
Venise
Cittanova
Bouches
du Po
Pola
Grossa I.
GOLFE DE
VENISE
ITALIE
SCLAVONIE
Belgrade
DANUBE R.
Longitude Est de Paris.
Arrowsmith delin.
Semen Jeune Sculp.

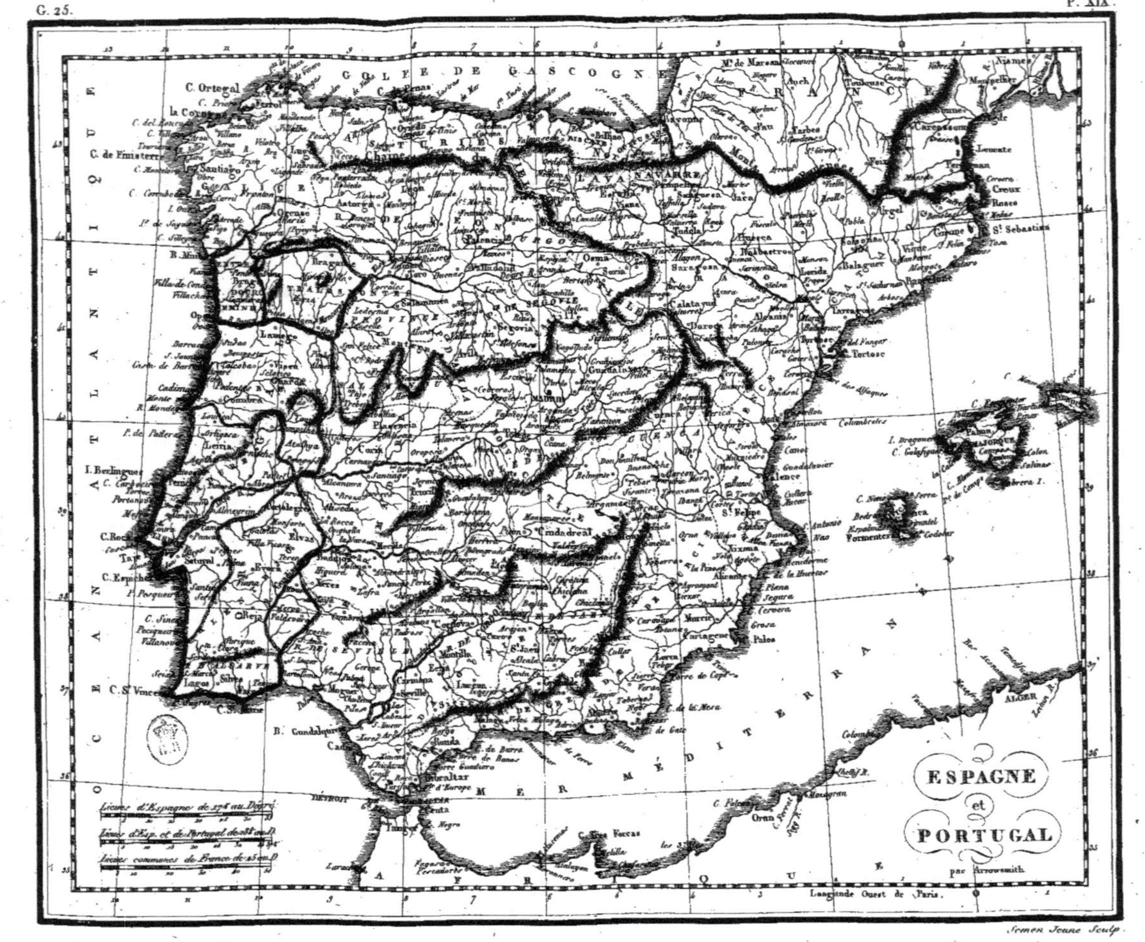
ESPAGNE
et
PORTUGAL
par Arrowsmith.
GOLFE DE GASCOGNE
OCEAN ATLANTIQUE
MER MÉDITERRANÉE
FRANCE
ASTURIES
NAVARRE
LEON
CASTILLE
ARAGON
SEGOVIE
VALENCE
ALGARVE
MAJORQUE
C. Ortegal
la Corogne
C. de Finisterre
Santiago
C. Espichel
C. S! Vincent
Lisbonne
Oporto
Coïmbre
Elvas
Evora
Cadix
Gibraltar
Seville
Cordoue
Grenade
Murcie
Carthagene
Valence
S! Felipe
Alicante
Tortose
Barcelone
Saragosse
Tudela
S! Sebastien
Perpignan
Montpellier
ALGER
Oran
Ceuta
Tanger
DÉTROIT
Licues d'Espagne de 17½ au Degré.
Lieues d'Esp. et de Portugal de 18 au D.
Lieues communes de France de 25 au D.
Longitude Ouest de Paris.
Semen Jeune Sculp.

TURQUIE D'EUROPE.

Par Arrowsmith.

Milles de Turquie de 66 ⅔ au Degré

Milles d'Italie de 60 au Degré

Lieues communes de France de 25 au Degré

Longitude Est du Méridien de Paris.

Arrowsmith Delin.

Gravé par Semen Jeune.

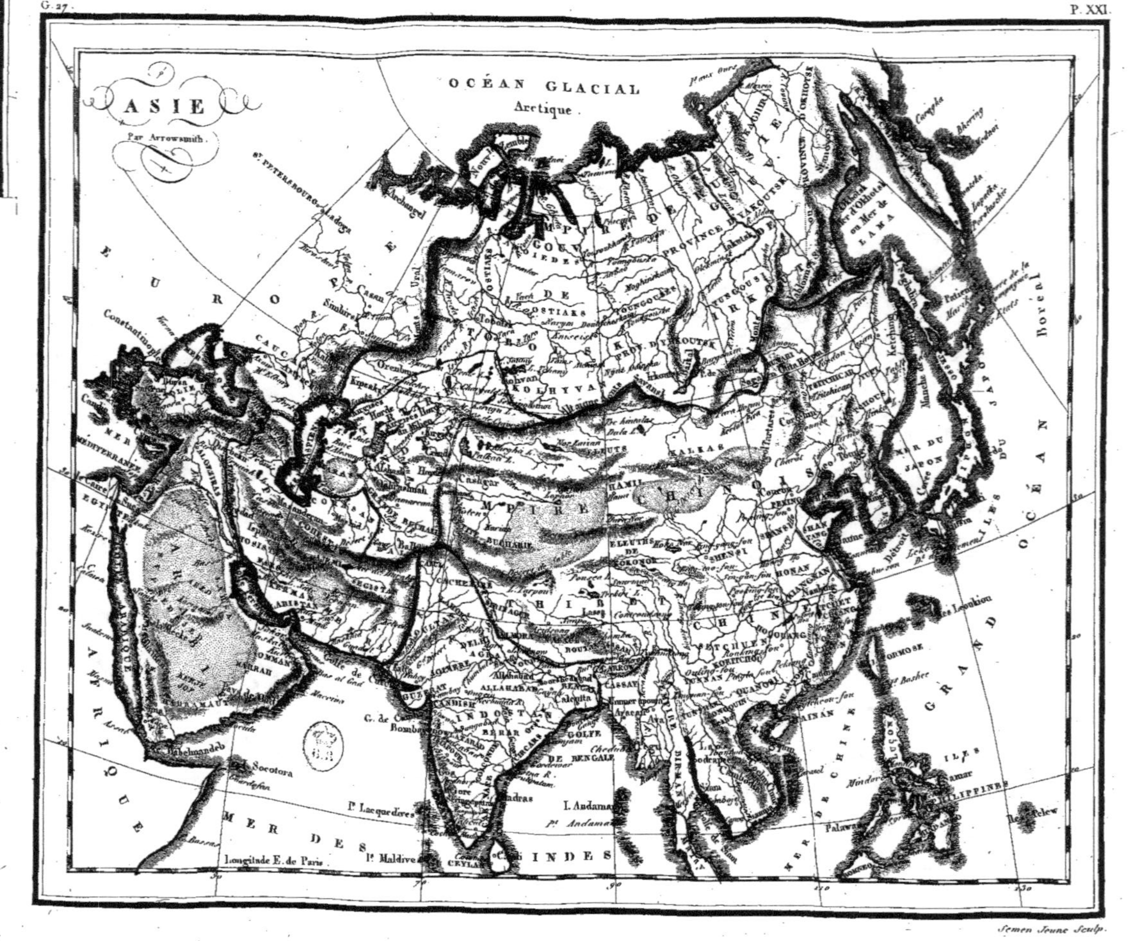

ASIE
Par Arrowsmith.
OCÉAN GLACIAL
Arctique.
EUROPE
OCÉAN Boréal
MER DU JAPON
ILES DU JAPON
GRAND OCÉAN
MER MEDITERRANÉE
CAUCASE
MER CASPIENNE
EMPIRE DE RUSSIE
GOUV. DE TOBOLSK
PROVINCE D'IRKOUTSK
OSTIAKS
YOUNGOUSES
KOLHYVA
EMPIRE CHINOIS
BUCHARIE
ELEUTHS DE KOLONG
THIBET
CHINE
PEKING
HONAN
KIANGNAN
TONKIN
MER DE CHINE
HAINAN
FORMOSE
ILES PHILIPPINES
ARABIE
EGYPTE
AFRIQUE
INDOSTAN
DELHI
AGRA
ALLAHABAD
BENGALE
Calcutta
Madras
GOLFE DE BENGALE
BIRMAN
CEYLAN
I. Maldives
P. Lacquedives
I. Andaman
MER DES INDES
Socotora
Longitude E. de Paris
Semen Jeune Sculp.

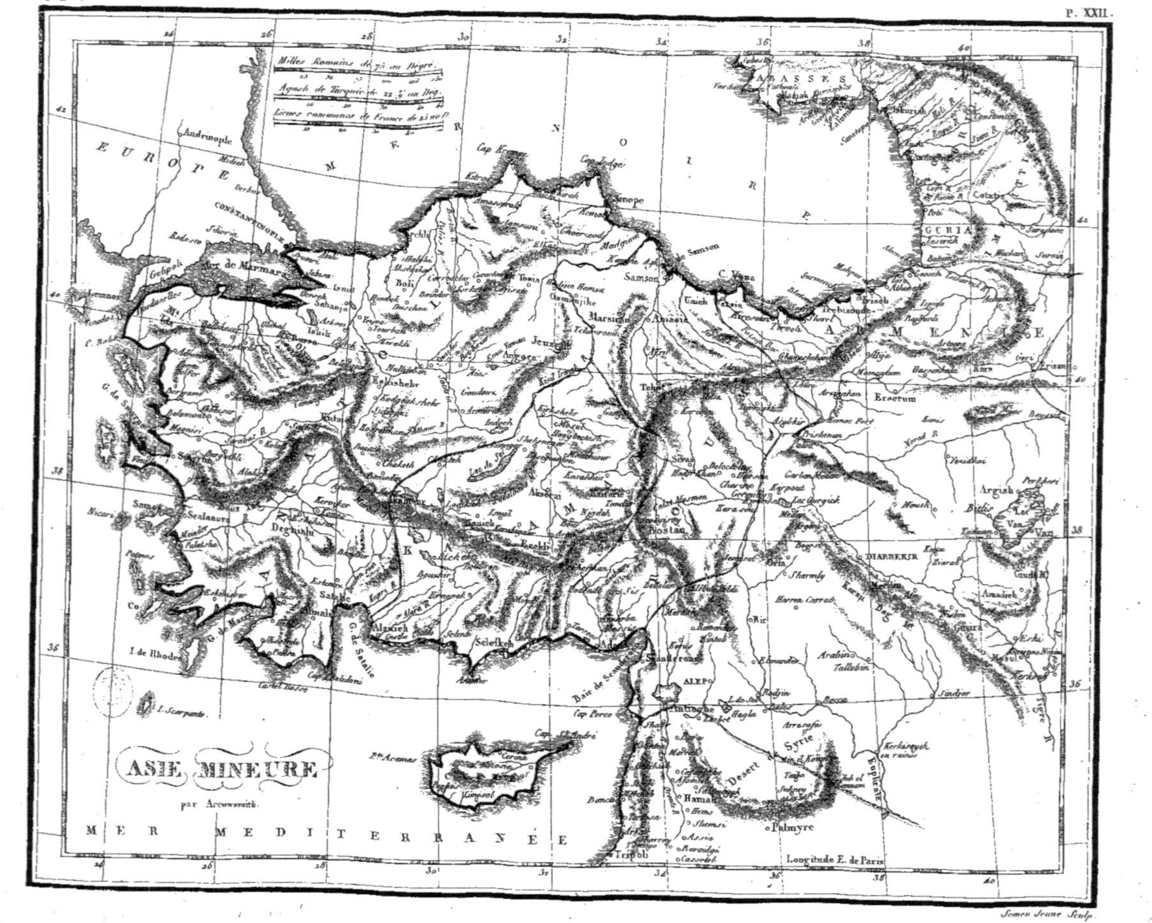
Milles Romains de 75 au Degré.
Agnah de Turquie de 22 ½ au Deg.
Lieues communes de France de 25 au D.
ASIE MINEURE
par Arrowsmith.
MER MEDITERRANÉE
Longitude E. de Paris
Somen Jeune Sculp.
EUROPE
MER NOIRE
ARMÉNIE
Syrie
Desert
Palmyre
Euphrate
DIARBEKIR
ABASSES
GURIA
Andrinople
Constantinople
Gallipoli
Mer de Marmara
Dardanelles
Lemnos
Sinope
Samson
Trebisonde
Erzerum
Tokat
Sivas
Argish
Bitlis
Lac Van
Van
Bostan
Najdah
Selefkeh
Satalie
I. de Rhodes
I. Scarpanto
Alep
Antioche
Hamah
Hems
Tripoli
Erekli
Boli
Ismit
Kerkisieyeh
en ruines

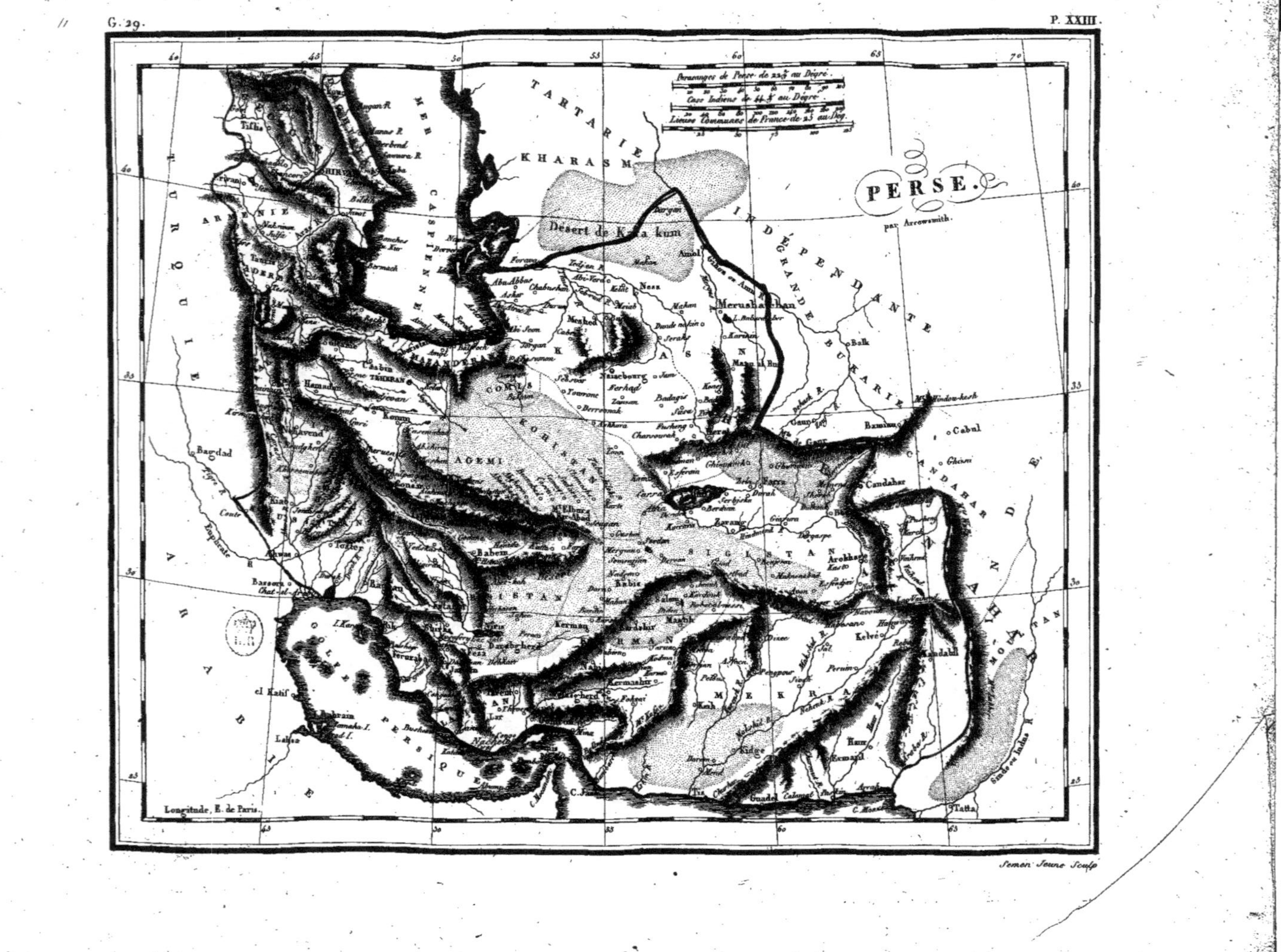
PERSE.
par Arrowsmith.
Parasanges de Perse de 22½ au Degré.
Cass Indiens de 44 ½ au Degré.
Lieues Communes de France de 25 au Deg.
TARTARIE
KHARASM
Désert de Kara kum
INDÉPENDANTE
GRANDE BUKARIE
MER CASPIENNE
ARMENIE
TURQUIE
SCHIRVAN
GHILAN
MAZANDERAN
TEHERAN
COMIS
AGEMI
KOHISTAN
KHORASAN
KERMAN
LARISTAN
SIGISTAN
MEKRAN
CANDAHAR
Candahar
Cabul
Ghizni
Mt Hindou-kesh
Meshed
Merushat-han
Balk
Bagdad
Bassora
el Katif
Baharim
Lahsa
Tiflis
GOLFE PERSIQUE
Longitude, E. de Paris.
Semen Jeune Sculp.
Tatta
ARABIE

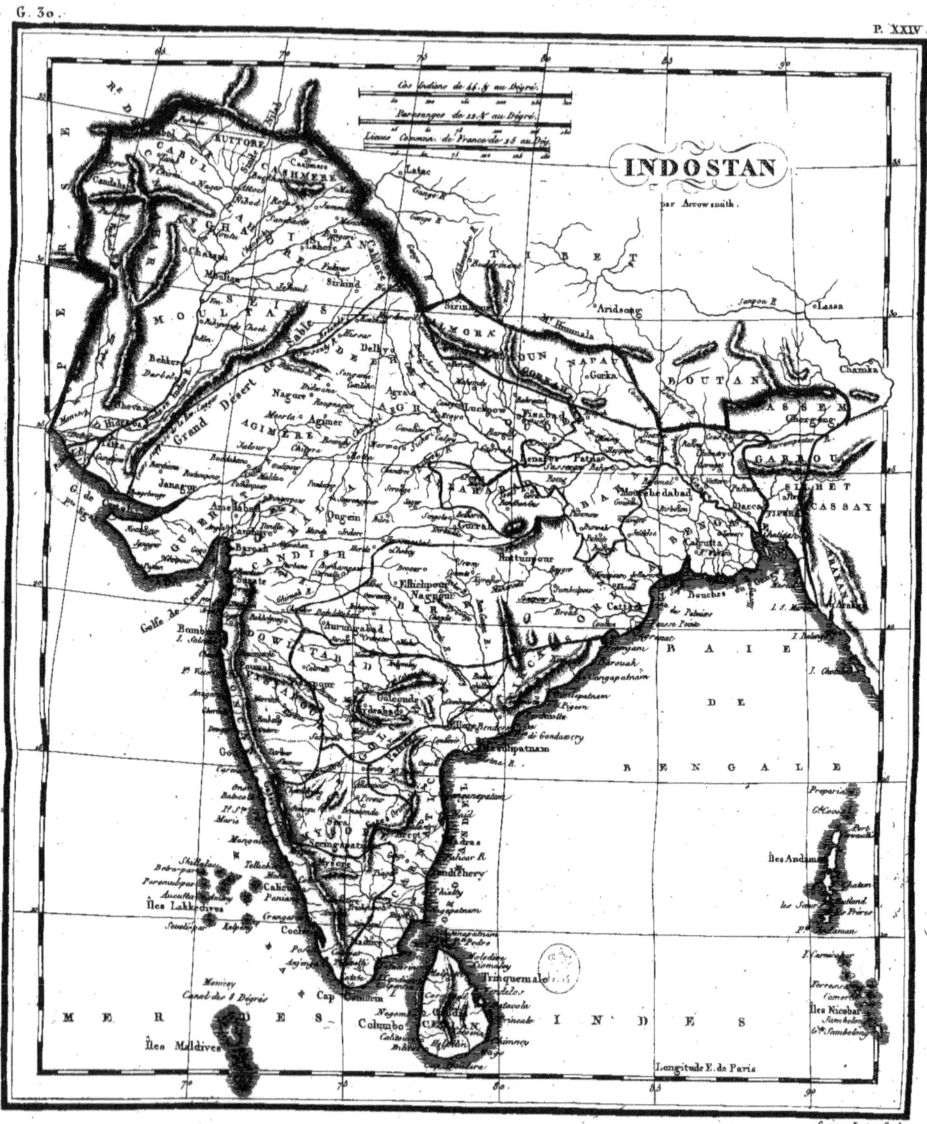
INDOSTAN
par Arrowsmith.
TIBET
BOUTAN
ASSEM
GARROU
SIRHET
CASSAY
TIPRA
CABUL
CASHMERE
MOULTAN
AGRA
AGIMERE
GUZERATE
CANDISH
Nagpour
Ellichpour
Aurengabad
Golconde
BENGALE
CEYLAN
Columbo
Cap Comorin
Trinquemale
Pondichery
Bombay
MER DES INDES
BAIE DE BENGALE
Îles Maldives
Îles Lakkedives
Îles Andaman
Îles Nicobar
Canal des 8 Dégrés
Longitude E. de Paris
Somon Sewer Sculp

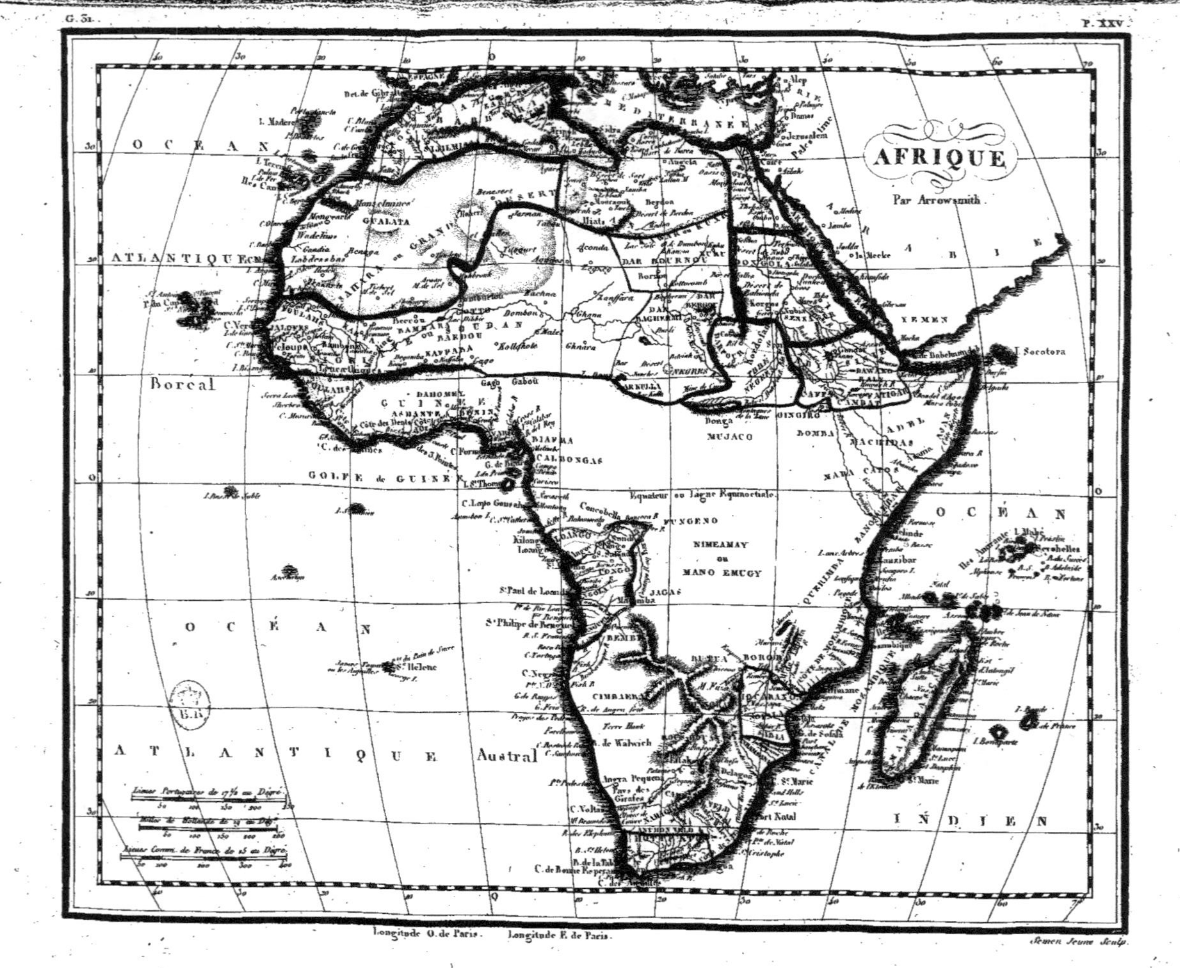

AFRIQUE
Par Arrowsmith.
OCÉAN ATLANTIQUE
MÉDITERRANÉE
Borcal
ARABIE
YEMEN
I. Socotora
GUALATA
SAHARA ou GRAND DESERT
DAR BOURNOU
DONGOLA
DAR SAGHIEMI
NAVRANA
GUINÉE
DAHOMEY
ACHANTE BENIN
Côte des Dents
GOLFE de GUINÉE
Gago Gabou
BIAVMA
CALBONGAS
Bonga
MUJACO
BOMBA
MACHIDAS
ADEL
NABA CATOS
Equateur ou Ligne Equinortiale
YUNGENO
NIMEAMAY
ou
MANO EMUGY
JAGAS
CONGO
Kilonga
Loango
TONGO
MATAMBA
St. Paul de Loanda
St. Philipe de Benguela
BEMBE
BUTUA
BOROU
CIMBEBAS
OCÉAN
OCÉAN
ATLANTIQUE Austral
Baie de Walwich
Terre Hant
Angra Pequena
Pays des Girafes
C. Voltas
Port Natal
C. de Bonne Esperance
C. des Aiguilles
INDIEN
Seychelles
I. de France
Zanzibar
Mozambique
MADAGASCAR
St. Marie
Lignes Portugaises de 17½ au Degré.
Milles de Hollande de 15 au Degré.
Lignes Comm. de France de 25 au Degré.

Semen Jeune Sculp.

Modèle

MER MÉDITERRANÉE
LIBYE
ARABIE PÉTRÉE
DÉSERT
BAHR KOLZUM ou MER ROUGE
Alexandrie
Rosette
Damiette
LE CAIRE
Pyramides
Siout
Kené
Keft
el Coseir
Assouan ou Suené
ÉGYPTE
par Arrowsmith.
Longitude E. de Paris.
Semen Jeune Sculp.

AMÉRIQUE
SEPTENTRIONALE
Par Arrowsmith

P. XXIX.
ÉTATS UNIS
par Arrowsmith.
Longitude O. du Méridien de Paris.

P. XXX
NOUVEAU MÉXIQUE
et MÉXIQUE ou
Nouvelle Espagne
Par Arrowsmith.
GRAND OCÉAN ou PACIFIQUE
GOLFE DU MÉXIQUE.
ÉTATS UNIS
LOUISIANE
CADODAQUIOS
NACHITOCHE
TEXAS
NOUVEAU MÉXIQUE
PIMERIA
CINALOA
CULIACAN
PANUCO
OAXACA
CHIAPA
GUATIMALA
HONDURAS
FLORIDE
DE CUBA
Canal de la Floride
Tropique du Cancer
Longitude O de Paris
St. Genevieve
Nouv. Madrid
Akansas
St. Paul
Texas
Taos
Rio Bravo del Norte
San Joseph
Vera Cruz
Ciudad Real
B. de Honduras

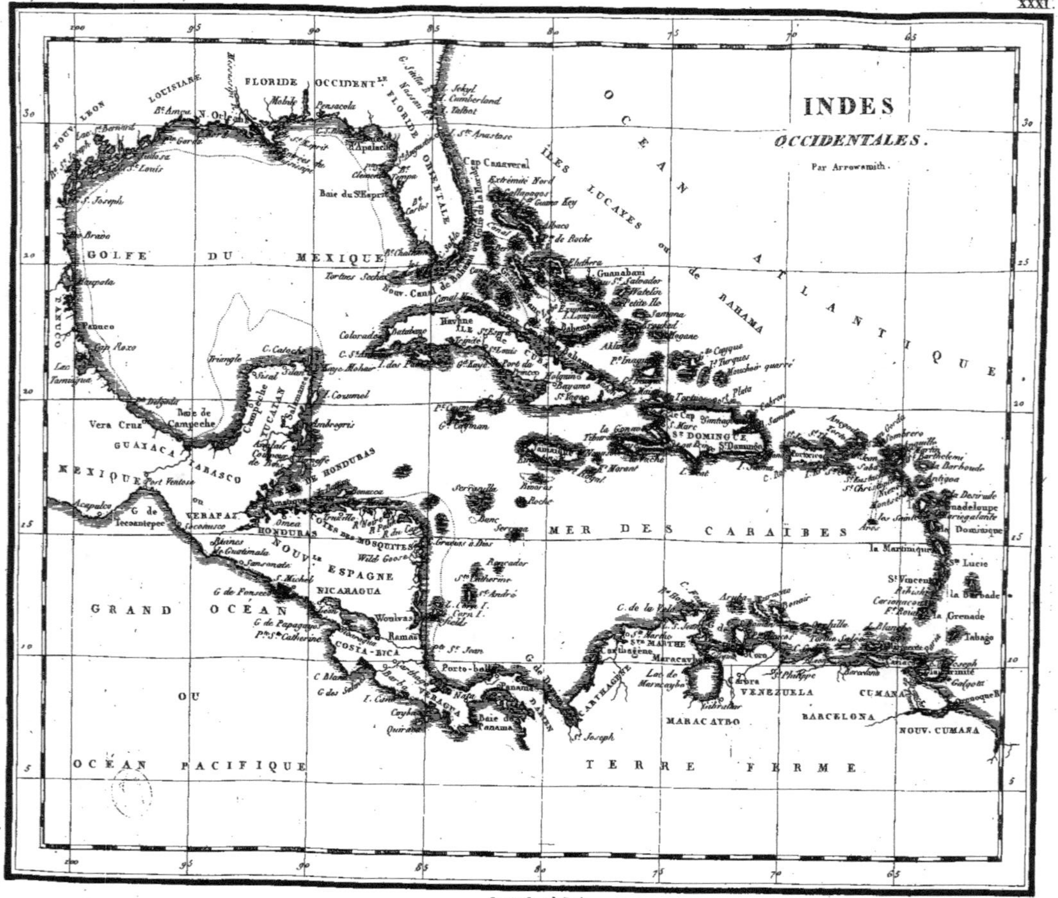

INDES
OCCIDENTALES.
Par Arrowsmith.

OCÉAN ATLANTIQUE ou de BAHAMA

ILES LUCAYES

GOLFE DU MEXIQUE

MER DES CARAÏBES

GRAND OCÉAN OU OCÉAN PACIFIQUE

TERRE FERME

FLORIDE OCCIDENTLE.

FLORIDE ORIENTALE

LOUISIANE

NOUV. LEON

MEXIQUE

GUAXACA TABASCO

YUCATAN

NOUVLE. ESPAGNE

HONDURAS

NICARAGUA

COSTA-RICA

VERAPAZ

St. DOMINGUE

VENEZUELA

MARACAYBO

BARCELONA

CUMANA

NOUV. CUMANA

DARIEN

la Martinique

St. Vincent

la Barbade

la Grenade

Tabago

Guadeloupe

Dominique

Longitude O. de Paris.

Semen Jeune Sculp

OCÉAN
ATLANTIQUE Boréal.
Ligne Équinoxiale.
OCÉAN
ATLANTIQUE Austral.
BRÉSIL
GRAND OCÉAN
AMÉRIQUE
MÉRIDIONALE
par Arrowsmith.
Lieues d'Espagne et de Portugal, de 17 au Degré
Lieues légales de Castille de 26 2/3 V. au Deg.
Lieues communes de France de 25 au Deg.
Longitude O. de Paris.

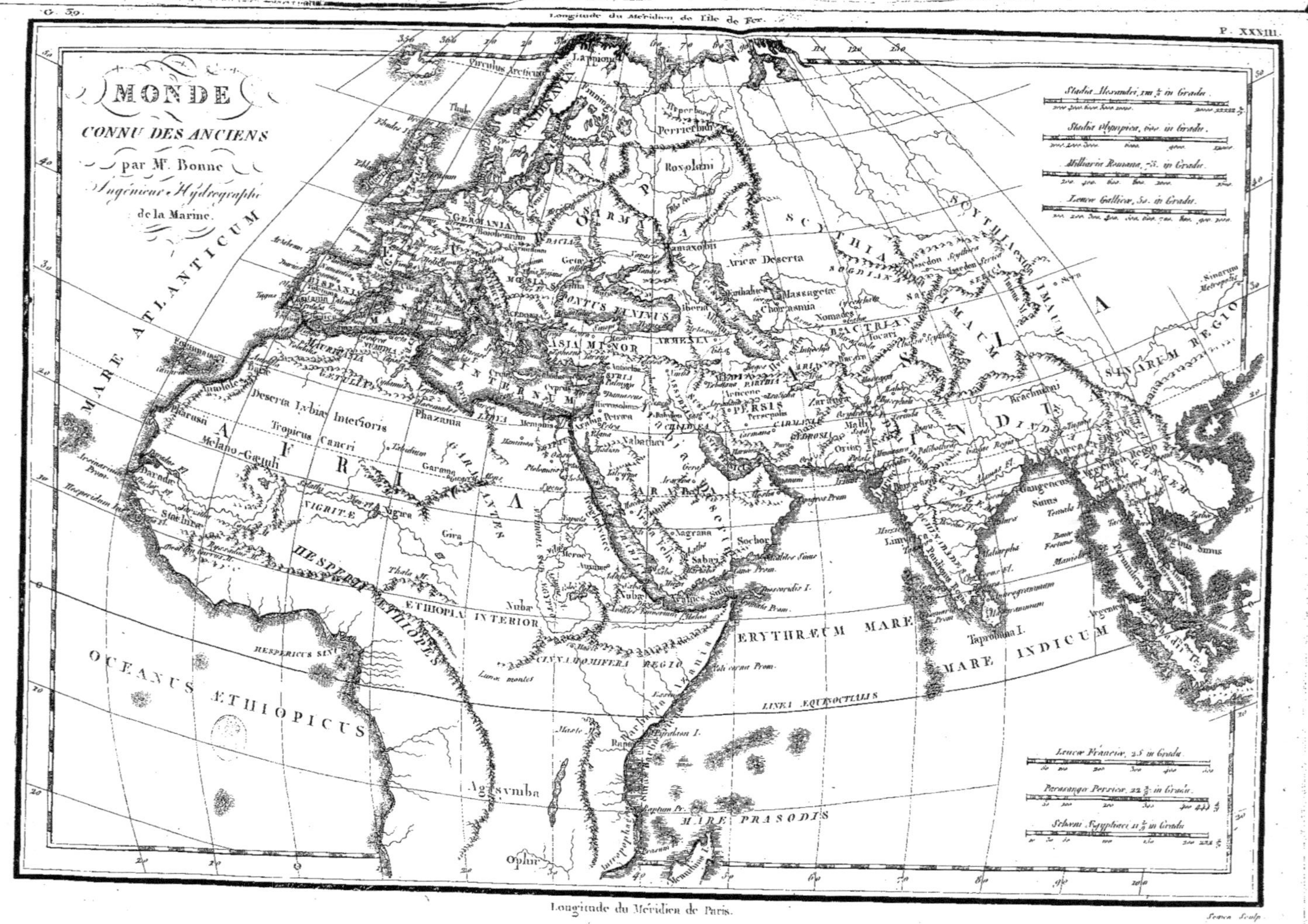

G. 59
P. XXIII.
Longitude du Méridien de l'Isle de Fer.
MONDE
CONNU DES ANCIENS
par Mr. Bonne
Ingénieur Hydrographe
de la Marine.
Stadia Alexandri, 1111 ⅓ in Gradu.
Stadia Olympica, 600. in Gradu.
Milliaria Romana, 75. in Gradu.
Leucæ Gallicæ, 50. in Gradu.
MARE ATLANTICUM
HISPANIA
GERMANIA
SARMATIA
SCYTHIA
SCYTHIA EXTRA IMAUM
SERICA REGIO
DACIA
MŒSIA
PONTUS EUXINUS
ASIA MINOR
ARMENIA
SOGDIANA
BACTRIANA
IMAUM
INDIA
SINARUM REGIO
PERSIS
PARTHIA
CHALDÆA
CARMANIA
GEDROSIA
ARABIA
MAURITANIA
LIBYA
AFRICA
Deserta Lybiæ Interioris
Phazania
Tropicus Cancri
Melano-Gætuli
GARAMANTES
NIGRITÆ
HESPERII ÆTHIOPES
ÆTHIOPIA INTERIOR
Nuba
HESPERICUS SINUS
OCEANUS ÆTHIOPICUS
Agisymba
Ophir
CINNAMOMIFERA REGIO
ERYTHRÆUM MARE
MARE INDICUM
Taprobana I.
LINEA ÆQUINOCTIALIS
MARE PRASODIS
Circulus Arcticus
Thule
Roxolani
Aricæ Deserta
Massagetæ
Chorasmia
Nomades
Brachmani
Sochor
Nabathæi
Nagrana
Sabæa
Leucæ Franciæ, 25 in Gradu.
Parasangæ Persicæ, 22 ½ in Gradu.
Schœni Ægyptiaci, 11 ⅓ in Gradu.
Longitude du Méridien de Paris.
Sewen Sculp.

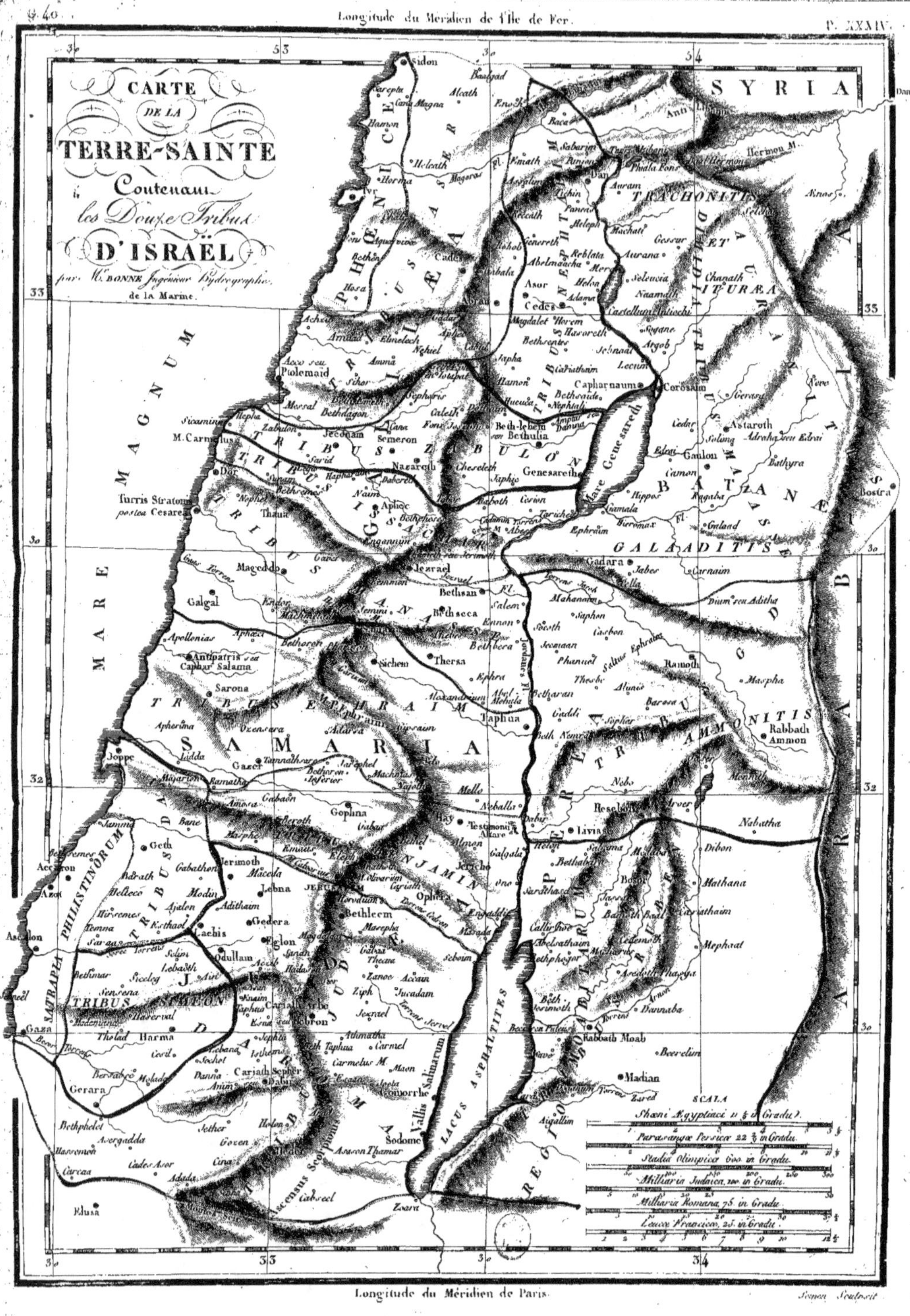

Longitude du Méridien de l'Ile de Fer.
CARTE
DE LA
TERRE-SAINTE
Contenant
les Douze Tribus
D'ISRAËL
par M. BONNE Ingénieur Hydrographe
de la Marine.
SYRIA
Damas
PHOENICE
TRIBUS ASER
TRIBUS NEPHTALI
TRACHONITIS
ITURÆA
DECAPOLIS ET DIA
MARE MAGNUM
TRIBUS ZABULON
Mare Genesareth
BATANÆA
GALAADITIS
TRIBUS ISSACAR
TRIBUS MANASSE
Bostra
TRIBUS EPHRAIM
SAMARIA
AMMONITIS
Rabbath Ammon
TRIBUS DAN
TRIBUS BENJAMIN
SATRAPIA PHILISTINORUM
TRIBUS SIMEON
TRIBUS JUDA
TRIBUS RUBEN
PEREA
REGIO MOABITARUM
LACUS ASPHALTITES
Sidon
Ptolemaid
M. Carmelus
Turris Stratonis postea Cesarea
Dor
Nazareth
Genesareth
Jezrael
Bethsan
Sichem
Thersa
Taphua
Joppe
Lidda
Jerusalem
Bethleem
Hebron
Gaza
Ascalon
Azot
Accaron
Geth
Gerara
Bersabee
Sodome
Gomorrhe
Ramoth
Maspha
Nebo
Aroer
Dibon
Rabbath Moab
Madian
Beer elim
SCALA
Stadia Ægyptiaci 11⅔ in Gradu.
Parasangæ Persicæ 22⅔ in Gradu.
Stadia Olimpica 600 in Gradu.
Milliaria Judaica 100 in Gradu.
Milliaria Romana 75 in Gradu.
Leucæ Franciscæ 25 in Gradu.
Longitude du Méridien de Paris.
Sonnex Sculpsit.

HELVÉTIE
RHÉTIE
NORIQUE
LEPONTH
Alpes Rhetiennes
Alpes Carnes
BRIXANTES
CARNIE
VERAGRI
Alpes Pennines
Juliaira
Nemus
Lac Lausen
Genève
Augusta Prætoria
GAULE
EUGANEI
VENETIE
ISTRIE
Pola
INSUBRI
Patavium
Mer Superieure ou Adriatique
Ravenna
CISALPINE
LINGONES
BOII
Bononia
Ariminum
DALMATIE
TAURINI
LIGURIENS
Narona
GOLFE
DE LIGURIE
UMBRIE
PICENUM
ETRURIE
Ancona
Vetulonii Clusium
Arretium
PRÆTUTH
Hadria
CORSE
Ilva
Aleria
FALISQUES
SABINS
MER DE
Veii
LATIUM
TOSCANE
VOLSQUES
LUCANIE
OU D'ÉTRURIE
Capone
L'APOUILLE
PEUCETIE
SARDAIGNE
OU TYRRHENIENNE
GOLFE
DE TARENTE
BROTIU
Crotone
G. de Terina
Isles Éolides
ou
Vulcanies
Stromboli
MER   INFÉRIEURE
Golfe de Scylace
URBS SEPTICOLLIS.
Millaire.
Ægades
Lilybæum
SICILE
Siracuse
Selinus
Agrigente
ITALIE
ANCIENNE
d'après d'Anville
Carthage
AFRIQUE
Milles Geographiques de 60 au Degré
Stades Olimpiques de 600 au Degré
Lieues Françaises de 25 au Degré
Milles Romains de 75 au Degré

PARTIE OCCIDENTALE
de
L'EMPIRE ROMAIN
Par d'Anville

GERMANIE

SUEVIA

LANGOBARDI

BOIORHMUM

CODANUS SIN

CIMBRIQUE CHERSONESE

ANGLI

VARINI

BRETAGNE

CORIN

GAL

NARBONOISE

ESPAGNE

BETURIA

SARDAIGNE

CORSE

GOLFE DE GAULE

GOLFE DE LIGURIE

MER ADRIATIQUE

MER MÉDITERRANÉE

NUMIDIE

CESARIENNE

MAURITANIE TINGITANE

TRIPOLIS

Detroit de Gadusum

Colonne d'Hercule

Stades de dix au Mille

Milles Romains de 75 e Toises

Stades Olympiques de 8 au Mille

Milles de Bretagne de 8 e 6 Toises

Milles d'Espagne de 716 Toises

Lieues Gauloises égales à 1500 pas Romains

Milles de Germanie égales à deux lieues Gauloises et

Lieues de France de 3oo pas Geometriques

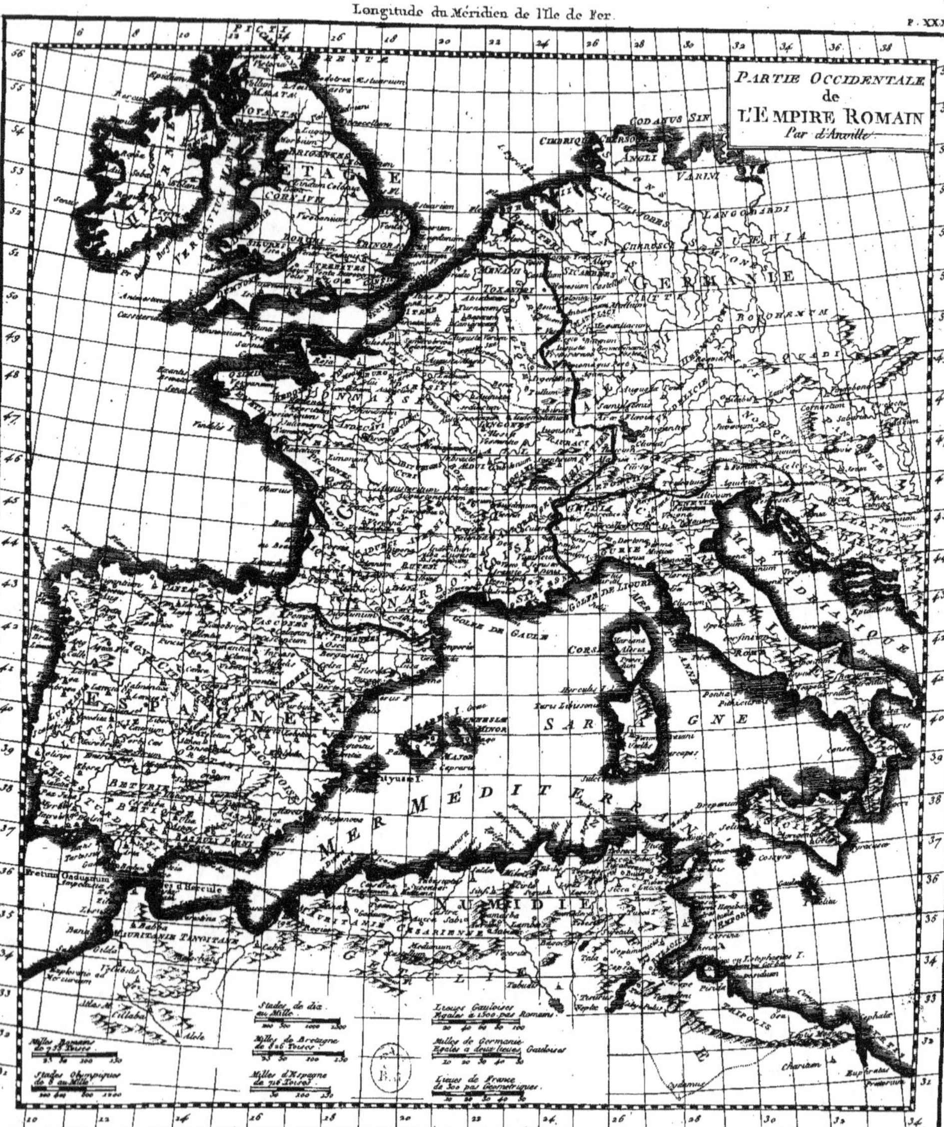

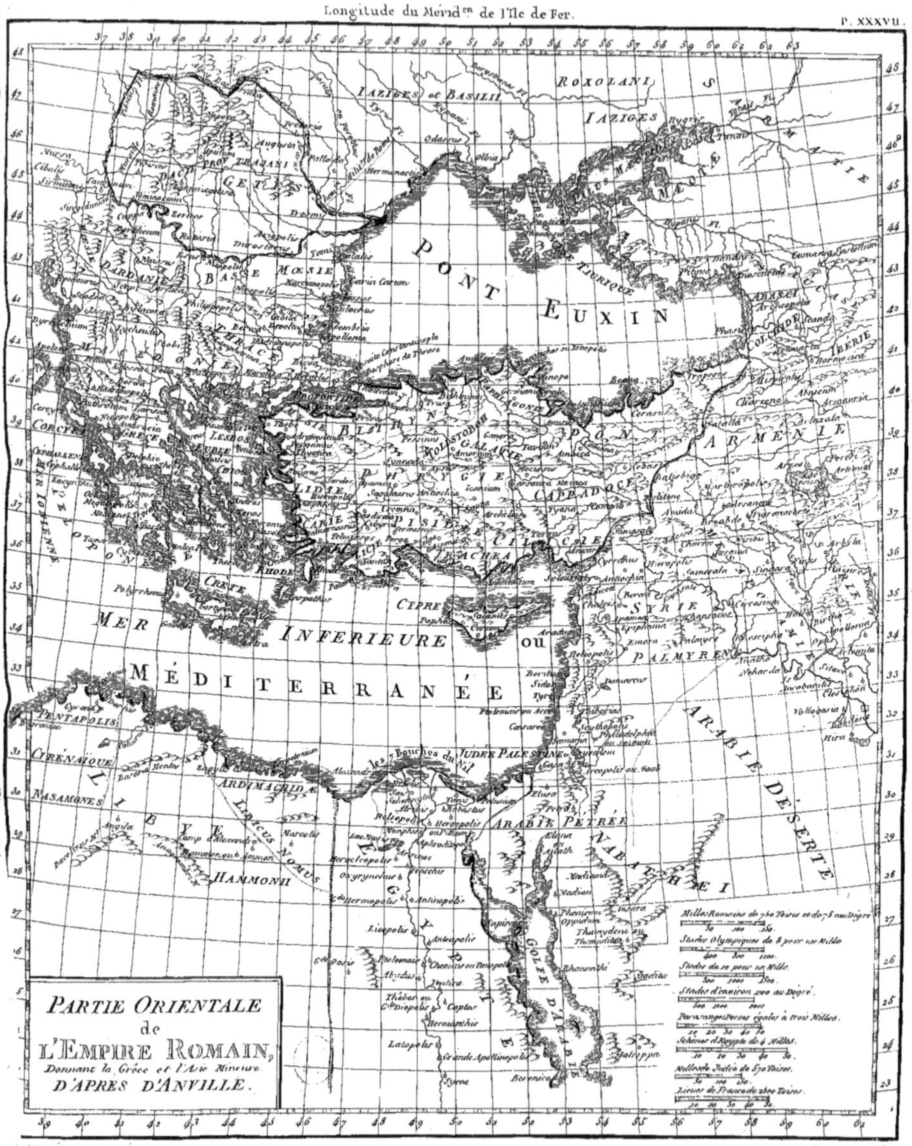
Longitude du Mérid.en de l'Ile de Fer.
PARTIE ORIENTALE
de
L'EMPIRE ROMAIN,
Donnant la Grèce et l'Asie Mineure
D'APRES D'ANVILLE.
PONT EUXIN
MER INFERIEURE ou MÉDITERRANÉE
ROXOLANI
IAZIGES
ARMENIE
SYRIE
PALMYRENE
ARABIE DÉSERTE
ARABIE PÉTRÉE
JUDÉE PALESTINE
CRETE
CIPRE
CAPPADOCE
GALATIE
PHRYGIE
LIDIE
CARIE
CILICIE
PONT
PENTAPOLIS
CIRÉNAIQUE
NASAMONES
LIBYE
HAMMONII
GOLFE D'ARABIE
NABATHÆI
Milles Romains de 760 Toises et de 75 au Degré
Stades Olympiques de 8 pour un Mille
Stades de 10 pour un Mille
Stades d'environ 900 au Degré
Parasanges Perses égales à trois Milles
Schênes d'Egypte de 4 Milles
Milles de Judée de 570 Toises
Lieues de France de 2500 Toises

de l'Isle de Fer.
Atl. an. 50.
Orient
MER CASPIENNE
SCYTHIE
MASSAGETÆ
TARTARIE
BARCANII
CHORASMIE
Cyropolis
Alexandria
Xenippa
Gibæ
Petra
No aura
Bazaria
D'ERBICS
Basistus
Polytimetus Fl.
Maracanda
SOGDIANE
Sochus Fl.
Vadnes
Petra
SACÆ
Oxus Fl.
TARTARIE
MARGIANE
Alexandria
Kyrnos
HYRCANIE
D'ARTII
Bacua vel
Zariaspa
BACTRIANE
Danaa
Carta
Zobrii
Arias Fl.
Arigaium
ARIE
Susia
Alpu
INDE
TAPURI
Iaspe Paltu
Hecatompyles
PAROPAMISUS
Drapsaca
Nysa
Achilec
Massaga Fl.
Artacana
Cancasus
Choes Fl.
Evergla
Batira
Indus Fl.
Alexandria
Nicæena
Sammis Fl.
Tabas
Alexandria
Bucephala Glausa
Peucela
Taxila
Chora
Acesines Fl.
Prophtaia
ZARANG vel DRANGE
Etemander Fl.
Arachotus
Ira
Aornos
Pimprana
ERSE
Ariaspe
Alexandria
Embolima
Embrre
Evergeta
ARACHOSIE
Oxydra
MALLI
Cathæi
Brachmani
Singala
Persepolis
Indi
Alexandria
Hyphasis Fl.
Pasargada
Sabracæ
Heracis Fl.
CARMANIE
Montani
Sogdi
Salaces Fl.
Pura
Sambi
Sinde-mana
Ochus Fl.
GEDROSIE
ora
ORITÆ
MUSICANI
Indus Fl.
Harmozia
Inanni
Pattala
SIQUE
Ichtyophagi
Thomna Fl.
suna
Ramsbacia
Coada
Bates
Tragas
Parsia
Mutana
Xylonopolis
Causanto
Bagia Pr.
Barna
Gadrona
Alexandria
Morontobara
Alexandria